LIFE COLORING

LIFE COLORING

나의 일주일과 대화합니다

ROUTINE
FOR
MY LIFE

나를 돌보는 루틴 찾기, 라이프컬러링

유보라 지음

'나는 왜 이렇게 게으르지.'

'쉬어도 쉰 것 같지 않아.'

'오늘 뭐 했는지 기억이 하나도 안 나.'
'이렇게 바쁘게 지내는데 헛헛해.'

하루를 마무리할 때면

내 안에서 다그치는 목소리가 들릴 때가 많습니다.

게으르다고, 더 부지런해야 한다고,

시간을 제대로 써야 한다고요.

효율적인 루틴, 멋진 리추얼 하나 없다면서요.

하지만 정말 그럴까요?

내가 보낸 지난 시간,
나의 일주일에게 물어보기로 했습니다.
나의 일주일은 어떤 대답을 들려줄까요?

'라이프컬러링' 워크숍으로 루틴 그리기를 한다고 하니 사람들이 자꾸 묻습니다. "어떻게 하면 좋은 루틴을 만들 수 있나요?" 저의 대답은 늘 한결같습니다. "죄송해요. 저도 그건 잘 모르겠어요."

미리 고백하지만, 저는 좋은 생활 습관을 만들거나 성실한 루틴을 만들어 실행하는 노하우는 잘 모릅니다. 시간을 효율적으로 사용하는 법, 부지런한 사람이 되는 방법은 더 모르겠고요. 사실 저는 무척 게으르거든요.

하루에 열 시간씩 누워 TV를 보고, 아침에 일어난 잠옷 차림 그대로 저녁에 잠드는 일이 허다했으니까요. 좋은 루틴은커녕 누굴 만나는 약속 하나 지키려고 해도 늘 다리가 천근만근이었습니다.

저는 저를 조금씩 미워했고, 적립된 미움은 나날이 쌓여갔습니다. 나를 미워하는 마음이 커지자 마음속으로 내가 나를 무자비하게 혼내고 있다는 사실이 어렴풋이 감지되었어요. 하지만 그러면 그럴수록 저는 더 게을러졌습니다. 위축되고 자신이 없었으니까요.

라이프컬러링을 하는 지금, 저는 과거에 나를 무수히 혼냈던 날들과 조금씩 화해하고 있어요. 스스로를 다그치거나, 평가하는 참가자들을 만나면 '조금만 더 다정한 마음을 가져보자'고 제안합니다. "지금 잠깐 멈춰 서서 그때 내가 왜 도통 힘이 나지 않았는지 이유를 물어봐주면 어떨까요?"
사실 이건 과거의 제가 스스로에게 던져주지 못했던 질문이기도 합니다. 그때 못했던 질문을 다른 사람에게 건네고 있다는 생각이 들어요.

'루틴', '리추얼'이라는 단어가 요즘 여기저기서 들려옵니다. 좋은 루틴, 멋진 리추얼을 만들어 내 일상을 더 가꾸어나가는 일도 훌륭한 일이지만, 그보다 선행되어야 하는 일이 있다고 생각해요. 바로 '나를 다정하게 바라보는 마음'을 갖는 것입니다. 그 마음을 장착한 채로 루틴을 만드는 것이 무엇보다 중요하다고 느껴요. 오늘 하루를 '성공'과 '실패'로 재단하려는 마음을 잠시 꺼두면 어떨까요.

평가 없이 내 시간을 바라보며 다정하게 일상의 안부를 묻는 내가 없었다면, 저는 감히 동네 산책이라는 소중한 루틴도, 식물 돌보기라는 아름다운 리추얼도 만들지 못했을 거예요.

그리하여, 실망하실 수도 있겠지만 저는 멋진 루틴을 만들거나 시간을 잘 활용하는 방법에는 크게 관심이 없습니다. 그 방법들은 나를 좋아한 다음에 언제든 찾을 수 있으니까요.

나에 대해 얼마나 더 발견하고 싶은지, 내 일상에 좋아하는 시간을 얼마나 더 넣고 싶은지, 소진되는 일들과 나 사이에 얼마나 더 에어백을 넣어주고 싶은지를 결정하고 나면, 내게 맞는 루틴, 리추얼도 자연스럽게 찾을 수 있을 거예요.

먼저 내가 나를 바라보는 온도가 얼마나 따뜻한지 감지해보세요. 나를 대하는 태도는 얼마나 다정한지도 느껴보세요. 일상의 시간들을 고요하게 컬러로 그려내고, 차분하게 감정을 꺼내보세요. 궁금한 마음을 잔뜩 품고 나에게 질문해주세요. 나는 무엇을 좋아하고, 어떻게 휴식하고 싶은지를요. 내가 좋아하는 시간들과 함께 더 단단한 일상을 만들어보세요. 도구는 제가 준비할게요.

PROLOGUE

CONTENTS

3.
라이프컬러링을 시작합니다

4.
타인의 일상을 만나는 행운

LIFE
COLORING
LIFE
COLORING
LIFE
COLORING
LIFE
COLORING
LIFE
COLORING
LIFE
COLORING
LIFE
COLORING

1.

게으름뱅이의 고백

사는 게 재미가 없네

'하루 걸음 수 7.'
오랜만에 산책을 하고 돌아와 '몇 보 걸었지?'를 확인한 날, 숨길 수 없는 지난 닷새 동안의 성적표를 발견했습니다. 12보, 7보, 331보, 4854보, 다시 11보. 가파른 협곡에 가까운 숫자 그래프. 가슴이 쿵 내려앉습니다.

게으른 나, 생기 없는 나, 무기력한 나, 우울한 나. 무언가를 해낼 수 있는 시간이 넘쳐나지만 아무것도 해내지 못하는 내가 그 숫자 안에 있었습니다. 회사를 그만둔 자의 하루 루틴은 느리고 간단합니다.

AM 7:00 기상
남편은 아침 일찍 일어나 출근 준비. 그의 분주함과 관계없이 나는 눈을 뜨자마자 출근하지 않아도 된다는 사실에 잠시 안도. 동시에 오늘도 씻을 예정이 없는 나를 떠올리며 무기력해짐.

AM 8:00 소파로 다이빙

남편이 현관문을 열고 밖으로 나가는 순간, 온몸을 소파에 던지며 TV를 켬. 소파에 눕자마자 다시 안도감이 밀려옴.

AM 10:00 무표정한 표정으로 TV 시청

TV 채널을 이리저리 돌려보지만 딱 마음에 드는 프로그램이 없음. 무기력한 나를 위로하면서도, 적당히 자극적이고, 적당히 경박한… '마음에 드는 프로그램'을 찾는 건 어려운 일. 요즘 인기가 있다는 프로그램을 봐도 '하나도 재미없구먼', '저 정도 구상은 나도 하겠네' 하는 날선 비판이 일고 비밀스러운 자만심을 느낄 뿐.

AM 11:00 급한 불 끄기

몇 시간을 TV만 보다가 깊은 허기를 느낌. 헝클어진 머리채로 부엌으로 가서 간편식을 데움. 때때로 마음이 내키는 날이면 국이며 반찬을 손수 만들어, 과한 세팅과 함께 그럴듯한 한 끼를 차려 사진을 찍음. 사진을 찍을 때 잠깐 화색이 돌지만, 그 순간이 지나면 얕은 한숨이 새어나옴. '지금 뭐하는 짓이지' 자조하며 기껏 차린 한 끼를 급한 불 끄듯 해치움.

PM 12:00 다시 소파로 다이빙

커피 한 잔을 타서 다시 소파라는 서식지로 돌아옴. 꿈틀꿈틀 자리를 잡고 발을 꼼지락거리면 잠깐 익숙한 행복이 느껴짐. 재미없는 TV 다시 켜기. 그 외의 옵션이 생각나지 않을뿐더러 생각하기도 귀찮음. 이내 눈이 감김.

PM 1:20 한 것 없이 오전 종료

낮잠에서 깨고 나면 기분이 썩 좋지 않음. 마치 회사에서 아무것도 하지 못했는데 벌써 오전 근무가 끝난 느낌. 스마트폰으로 세상 돌아가는 이야기를 스캔. 밀린 블로그 원고도 있고, 처리해야 할 소소한 행정처리 업무도 있지만… 미뤄 놓은 일들을 생각하면 숨이 턱 막힘.

PM 3:00 나를 다그치는 목소리

갑자기 밀려오는 자괴감. 몇 시간만 있으면 저녁을 먹을 시간이지만 한 게 아무것도 없음. 전화벨이 울리면 공포스럽기만 함. 긴급하게 처리해줘야 할 일이 있다며 나를 다그치는 목소리가 들려올까 봐. '왜 이 간단한 일을 제때 처리 못 해?', '니가 해보고 싶다고 먼저 그랬잖아. 왜 지금 와서 뒷걸음질이야' 하는 말들이 떠오름. 이건 바로 내 목소리. 목소리를 덮을 유일한 방법은 TV를 켜는 것뿐.

PM 7:00 생존 신고

남편의 퇴근을 기다리며 저녁 준비. 오늘 늦을 것 같다는 연락을 받음. 잠옷을 갈아입지 않길 잘했다는 생각을 하면서 대충 식사 준비. TV에서 재미있는 프로그램 재방송이 시작됨. 낄낄대며 식사를 함. 밥을 다 먹고 나니 설거짓거리가 생겼다

는 사실에 어쩐지 안도감이 올라옴. '아, 지금 이 집에 누군가 살아 있구나.'

PM 8:00 새로운 도피처

저녁을 먹는 대단한 미션을 수행하고 나니 조금은 뿌듯함. 누워서 TV를 봐도 별로 마음이 불편하지 않음. 다시 잠이 오며 눈이 감김. 그러다 문득 눈을 떴는데 기분이 좋지 않음. 휴대폰을 꺼내 들어 피드 속 세상 돌아가는 모습을 보다가 갑자기 필요한 물건이 생각남. 씻지도 않은 얼굴로 쇼핑몰 속 새 옷을 구경. 세일을 하는지, 리뷰는 좋은지, 쿠폰은 있는지 눈도 깜빡이지 않고 보다가, '이걸 입고 어디를 가지?' 하는 생각에 창을 닫고 본래 목적인 장을 봄. 카드 결제가 완료된 창을 보면 다시 안도감이 몰려옴.

PM 9:00 투머치토커

퇴근한 남편이 바깥 공기를 외투에 달고 귀가. 아침의 잠옷 차림 그대로 누워 있던 내가 의식됨. 아무 일도 없었던 듯 미소를 지어 보임. 대화의 시작. 종일 밖에서 업무를 처리하며 새로운 대화를 나누고, 새로운 일들을 겪은 쪽은 남편인데, 어쩐지 할 얘기는 내 쪽이 더 많음.

PM 11:00 심란한 밤의 시작

잘 준비를 마쳤지만 정신은 또렷함. 두 번의 낮잠과 한 것 없는 오늘의 나. 심란한 마음이 밤의 시작을 알림. 침실의 불이 꺼지면 나의 눈은 떠짐. 오늘 하루 내 모습들이 스치듯 지나가면서 입꼬리가 메기처럼 내려감. '내일은 오늘과 다를 수 있을까', '아침에 일어나 밖에 나가면 새로운 것을 할 수 있지 않을까', '갑자기 열이 좀 나는 것 같네' 수많은 생각들이 얽히다 얼핏 선잠이 듦.

AM 2:30 절망
새벽에 갑자기 눈이 떠짐. 빛의 속도로 시계를 확인하니 새벽 두 시 반. 절망. '이 긴 밤을 나는 또 어떤 자책을 하며 보낼까.' 느리게 흘러가는 시간이 버겁기만 함. 무표정한 얼굴로 휴대폰을 보다 언제 잠들었는지 모르게 다시 눈이 감김.

호기롭게 회사를 그만두며 시간을 얻었지만, 그 시간을 내가 허비하고 있다는 느낌을 멈출 수 없었습니다. 스스로가 미웠어요. 드넓게 펼쳐진 자유 시간 속에 외로운 게으름뱅이가 되어버린 느낌이었습니다.

소파에 누워 TV를 보는 시간을 통제하지 못한다는 것이 가장 싫었습니다. 열심히 일해온 나를 다독이며, 그동안 못 본 콘텐츠를 즐거운 마음으로 소비해도 좋으련만, TV를 보는 저는 늘 화가 나 있었습니다. 마음속에는 항상 '나는 무능해'

라는 작은 목소리가 울렸습니다.

몇 보 움직이지 않는 하루를 보낸 날이면, 불면증이 저를 찾아왔습니다. 선잠을 자고 일어나면 아침이 무겁게 느껴졌어요. 몸이 자주 아프고, 부었습니다. 약속이나 볼일이 있어 밖으로 나가는 날에는 그럴듯한 사회적 세팅이 가능했습니다. 하지만 스스로를 못마땅해 하는 나를 완전하게 숨기는 것은 어려웠죠. 어쩐지 조금 자신 없고, 위축된 내가 항상 곁에 있었습니다.

그래서 도피처가 필요했습니다. 못마땅한 나를 잠깐 잊을 TV가 도피처였고, 오늘의 일정에만 집중하면 그만인 여행을 인공호흡기로 썼습니다. 작은 물건들을 사 모으며 순간의 짜릿함에 취하기도 했습니다. 미뤄둔 많은 일들을 머릿속으로만 굴리며 세상이 나를 알아주지 않는다는 원망도 했습니다.

무엇을 하며 쉬어야 할지 막막했고, 늦잠을 실컷 자고 일어나도 기분이 좋지 않았습니다. 입 밖으로 이 말이 아무렇지 않게 튀어나왔습니다.

"아, 사는 게 재미가 없네."

예술가들의 하루는 어떨까

어느 날, 인터넷 서핑을 하다가 차트 하나를 발견했습니다. 그 위에 시선이 오래도록 머물렀습니다. 이름만 들으면 알 법한 예술가들의 하루가 표현된 차트였습니다.

내 하루를 남에게 공개하고 싶지는 않았지만, 남들이 어떤 하루를 보내는지는 궁금했습니다. 내 성적표를 공개하지 않은 채, 남의 성적표를 슬쩍 보는 느낌이랄까요. 스스로를 게으르다고 자책하는 저에게 이 차트는 뜻밖의 위로가 됐습니다.

많은 예술가들이 창작 활동만큼이나 많은 시간을 '일상적인 일/관리**Day job/Admin**', '여가**Leisure**', '운동**Excercise**'과 같은 일과에 할애했다는 사실이 눈에 띄었습니다. '위대한 작품을 만들어낸 예술가라면 종일 작품을 만드는 일에만 몰두하지 않았을까' 하는 어렴풋한 환상이 있었거든요.

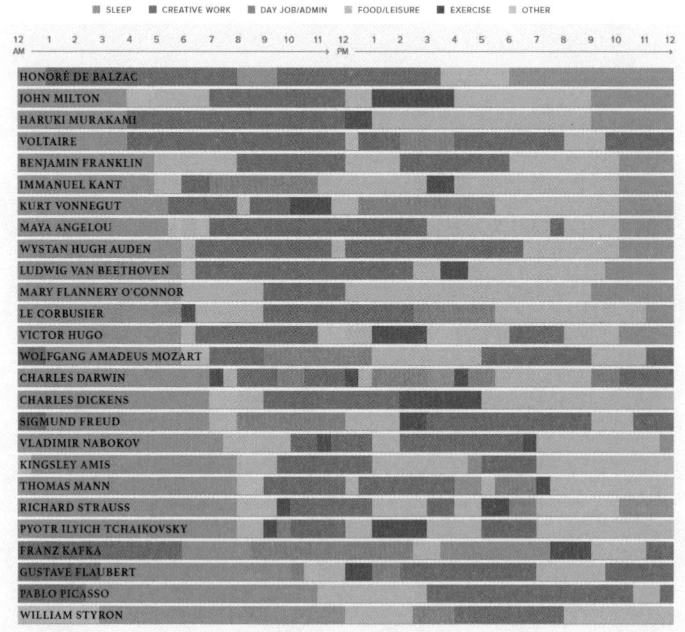

예술가들의 하루 루틴이 담긴 차트

이미지 출처 : www.visualcapitalist.com

이들의 더 깊은 일상이 궁금해졌습니다. 단순한 활동 구분이 아니라, 어떤 마음으로 그 활동에 임했는지 그 마음이 궁금했어요. 힘든 점은 없었는지, 일상에 틈은 없었는지, 유혹은 없었는지, 정말 작업이 안 되는 날은 무엇으로 하루를 버텼는지도 궁금했습니다. 저처럼 무기력이나 게으름에 빠진 시기는 없었는지, 있었다면 그럴 때 어떤 하루를 보냈는지도 알고 싶어졌습니다.

그러다 우연히 메이슨 커리의 『리추얼』이라는 책을 읽게 되었어요. 예술가, 철학가 등 창조자들 약 100여 명의 루틴이 한두 쪽으로 간결하게 정리되어 있는 책이었습니다. 오랫동안 배를 곯은 사람처럼 허겁지겁 책을 읽어나갔습니다. 게으름이라는 결핍이 궁금증을 불러일으켰죠.

예술가들의 하루는 그 모양이 조금씩 다 달랐고, 거기에는 이유가 있었습니다. 정치가 벤자민 프랭클린과 작가 무라카미 하루키는 신성하고 엄숙하게 리추얼의 힘을 믿고 의지하는 유형이었습니다. 괴테는 영감이 오지 않는 날은 억지로 뭔가를 하지 않는 것이 원칙이었다고 합니다. '나는 작가가 되기에는 너무 게으르다'는 영화감독 페데리코 펠리니의 고백도 있었습니다. 철학자이자 작가 움베르토 에코는 '찰나'와 '겨를'을 활용했다고 하고요.

특히 생계유지를 위해 낮에는 직장에 나가 일을 해야 했던 작가 프란츠 카프카의 이야기는 눈물 없이 들을 수 없는 고백이었습니다. 자신의 힘으로는 바꿀 수 있는 것이 많지 않았던 그의 일상, 그 하루하루를 보내는 카프카의 마음은 어땠을까요. 살다 보면 인생에 그런 시기가 어쩔 수 없이 찾아온다는 것이 위로가 되어 돌아왔습니다.

저는 스스로에게 왜 게으른 하루를 보내게 되었는지 이유를 물어봐준 적이 단 한 번도 없었어요. '게으른 나'로 나를 정의할 뿐, 이유들은 늘 무시했죠. 예술가들의 하루에서 그들의 마음과 감정들을 읽어내려고 노력하면서, 왜 나의 하루에는 그토록 냉담한 비판만이 있었는지 스스로를 돌아보게 되었습니다.

한번쯤은 용기 내어 꽤 괜찮은 하루였다고 나에게 진한 응원을 보내주고 싶다는 생각이 들었습니다. 입 밖으로 소리내어 하는 응원은 아니지만, 마음속에 울리는 잔잔한 파동만으로 마음이 뜨끈해졌습니다.

예술가들의 작품이나 업적이 아닌, 그들의 일상, 그들의 하루에 이토록 집중해본 적이 있었을까요. 온 생애를 바친 위대한 성과가 아닌, 누구에게나 주어지는 하루의 조각들을 본다는 것이 흥미로웠습니다. 그들의 하루가 마치 별이 지나간 궤적처럼 느껴졌습니다. 때로는 그 궤적이 그들의 작품보다 더 빛났어요.

소소한 원칙들로 이루어져 있는 하루.
나와의 작은 약속을 지킨 하루.
내가 좋아하는 일을 하나라도 실천한 하루.
내 마음의 목소리를 무시하지 않은 하루.

지금의 나에게 가장 중요한 것은 멀리 있는 성과가 아닌, 당장의 나다운 하루, 내가 원하는 한 조각의 시간이 아니었을까요. 나다운 하루의 루틴을 찾기 위해 애쓰며 살아온 예술가들의 발자취가 새로운 영감으로 다가왔습니다.

하루키만큼은 아니지만 아침에 일어나 식물을 자세히 들여다보는 소소한 루틴이 저에게도 있고, 벤자민 프랭클린처럼은 아니지만 일주일에 두 번 꼭 놓치지 않고 좋아하는 수업을 듣는 소중한 시간이 저에게도 있었습니다.

매일이 카프카 같지는 않지만, 저도 하기 싫은 일에 휘말리거나 일상이 마음대로 되지 않을 때면 감정의 소용돌이를 느끼며 글을 쓰기도 했고요. 때로는 글쓰기를 과감히 포기했던 괴테의 루틴을 보며, 그런 허용이 나에게 에너지를 가져다주지 않을까 하는 기대를 품기도 했습니다. '나를 이해해주고,

허락하는 마음'이 무엇일까 골똘히 생각하면서요.

많은 예술가들이 처음부터 자신을 속속들이 이해했기 때문에 그런 루틴을 만들 수 있었다는 생각은 들지 않았습니다. 그들도 오랜 시간 자신을 들여다보았고, 게으름과 사투했고, 때로 스스로를 옥죄지 않으려 노력했고, 그러기 위해 스스로를 돌아보며 그 길을 천천히 찾아나갈 수밖에 없었다는 사실이 그 어떤 위로보다 더 크게 다가왔습니다.

하루에 세 시간이 자신에게 가장 적당한 창작 활동의 시간이라 믿어 그 시간을 고수한 사람, 적절한 운동이 나를 버텨주는 힘이라 믿었기에 집착에 가까운 운동 루틴을 짰던 사람, 영감이 떠오르지 않는 하루를 과감하게 휴식과 여가로 보내는 것을 스스로에게 허락했던 사람, 낮에는 일하느라 밤이 되어서야 글을 썼지만, 자신이 원하는 것에 대한 열망의 끈을 놓지 않았던 사람….

그들은 나와 다른 시대를 살아간 위대한 예술가들이지만, 나와 닮은 일상을 가진 사람들이기도 했다는 점이 참 좋았습니다. 타인의 삶이 이토록 나에게 위안을 준 적은 없었습니다.

게으른 나다워서 괜찮은 하루

내 하루는 어떤 모양일까?
구획을 나누어 그려본다면 어떤 카테고리로 나뉠까?
무엇을 하는 시간이 제일 많을까?
나에게도 '루틴'이라고 불리는 생활 패턴이 있을까?

궁금했습니다. 한번 그려보고 싶었습니다. 저의 일상을요. 아티스트의 일상을 표현한 차트를 떠올렸어요. '나의 일주일 루틴을 컬러로 기록해볼까?'

일곱 개의 요일이 나누어진 서식의 루틴지를 엑셀로 만들었습니다. 컬러를 지정해 월요일부터 일요일까지 내가 한 일들을 그 위에 그려보니, 지나간 요일의 나와 다가올 날들의 내가 함께 종이 한 장에 담겼습니다.

현실의 내가 그곳에 있습니다. 나를 비추는 거울이 눈앞에 있었습니다. 일상의 컬러들은 저마다의 특징이 있었습니다.

나를 나이게 하는 시간.

현실의 내가 그곳에 있습니다.

나를 비추는 거울이 눈앞에 있었습니다.

잠깐 기분이 좋아지는 시간.
내내 에너지가 소진되는 시간.
생각만 해도 두근거리는 시간.

흩어져 있던 시간들이 요일과 숫자 아래 정돈되었습니다. 그 시간들이 일정한 컬러 카테고리 아래에 차곡차곡 쌓였습니다. 시간이 주는 의미가 조금씩 선명해졌고, 그때의 감정이 다시 소환되었습니다.

'나는 아침에 외출하는 날은 종일 에너지가 있구나. 휴식 시간에 무엇을 할지 몰라 우왕좌왕할 때가 많네. 하나를 잘 해내면, 흥이 나서 두세 개를 동시에 해낼 때가 있구나. 종일 TV를 본 다음 날은 어김없이 루틴이 무너지고. 걱정이 있을 때는 눕거나 밖에 나가서 걷는구나. 뭔가 배우는 걸 휴식이자 영감을 얻는 시간이라고 정의하네. 불안할 때는 인터넷 쇼핑을 하고 무언가를 결제하는구나. 일주일에 다섯 번 걷기 운동을 하겠다는 계획은 역시 나에게 무리였어.'

나를 알 수 있는 힌트들이 데이터로 모이는 느낌이 들었습니다. 누워서 뒹굴거리기만 했던 시간의 나를 바라볼 때, 날선 비판이 올라오는 대신 그날 그랬던 이유를 찬찬히 되짚어가게 되었습니다. 가장 중요한 감각은 '내가 나를 바라보고 있다'는 것이었습니다.

늘 누군가에게 나의 게으른 하루를 들킬까 봐 두려웠습니다. '나는 게으른 사람'이라는 결론을 이미 내려버렸으니까요. 조용히 앉아 눈알을 굴리며 스스로를 비하했었죠. 몇 달간 루틴지 위에 나의 생활을 그리고 나서야, 나를 차갑게 보는 내가 명료하게 보였습니다.

일주일의 생활이 담긴 이 루틴지는 건강검진 결과지처럼 나를 정확하게 진단하거나 판단하는 기록은 아니었습니다. 그저 다양한 컬러들이 내 하루가 어떤 시간들로 채워져 있는지 조용히 표현하고 있을 뿐이었죠. 그러나 그 컬러들이 빚어낸 빛깔이 '평가를 멈추지 않는 나'에서 '한 발짝 물러서서 나를 바라보는 나'를 만들어줬어요. 어떠한 평가 없이 그냥 나를 조금 더 알고 싶어졌습니다.

컬러가 가득 찬 일주일 루틴지 안의 나는 씩씩했지만 게을렀고, 빛났지만 우울했습니다. 늘 완벽한 하루를 보내지는 못했지만, 반대로 늘 최악의 하루를 보낸 것도 아니었어요. 예술가들의 하루가 떠올랐습니다. '글쓰기를 억지로 하고 싶지 않다고 결단 내린 괴테라면 지금 스스로에게 어떤 말을 해주었을까. 우울함으로 낮을 소진해버린 카프카는 어떤 마음으로 긴 밤을 보냈을까.'

이렇게 그들의 삶을 떠올려보는 것은 위안이 되었습니다.

그들도 나와 다르지 않습니다. 그럼에도 불구하고 또 오늘을 버텨냈고 살아갔을 거예요. 그렇게 오늘의 나를 발견했을 테고요.

나다운 컬러로 채워진 일주일을 좀 더 제대로 만들어보고 싶어졌습니다. 게으르지만 빛나는 나의 하루. 게을러서 사랑스러운 하루. 게으른 나다워서 괜찮은 하루.

나와 다정하게 마주앉기

루틴을 그리는 일이 루틴이 되었습니다. 컬러를 사용해 일주일의 루틴을 기록하는 것은, 단순히 일정표를 작성하는 것과 달랐습니다. 흩어진 시간들을 나만의 방식으로 시각화하는 작업이었죠. '지키기 힘들었던 수면 시간은 매일 이런 패턴을 보이는구나. 매일 꾸준히 걷겠다는 것은 나의 환상이었구나.' 이렇게 나의 일상을 반추하며, 넣고 싶은 것들과 빼야 할 것들의 리스트를 만들게 되었어요.

예를 들면 휴식 시간에는 무언가를 해야 한다는 강박에서 벗어나고 싶어졌어요. 처리할 잡다한 일들은 한 주에 한 번, 몰아서 처리하는 것이 내가 원하는 방식이었다는 것을 발견하기도 했죠. 감정의 소진이 많았던 시간을 컬러로 기록할 때의 제 손은 늘 무겁다는 것도 감지되었습니다.

나의 일상을 언어로 설명하지 않아도, 컬러가 나의 설렘과 마음속 어둠을 모두 표현하고 있었습니다. 이렇게 '일상을 시각화'한 것은 큰 의미가 있었어요. '내 삶을 내가 바라본다. 내가 나를 본다. 내가 나를 객관화하여 본다. 내가 나를 들여다본다.' 이렇게 나를 보는 내가 머릿속으로 들어왔습니다.

자기 전에 스트레칭을 하면 기분이 좋아지는 나, 핸드 드립 내릴 때의 커피 향을 유난히 좋아하는 나, 악동뮤지션 음악의 전주만 들어도 웃음이 나는 나, 한강 공원 걷기를 좋아하는 나….

내가 좋아하는 상황에 나를 놓이게 하고 싶고, 나를 기쁘게 하는 일들을 내게 선물하고 싶어졌습니다. 나에 대해 모른다면 해줄 수 없는 일들이죠. 루틴을 그리는 내내 제 관심은 온통 '나'에 머물렀습니다.

〔내가 좋아하는 시간〕

1

샤워하고 머리를 감는 시간. 단지 샤워를 할 뿐, 두 가지 이상의 일을 할 수 없다. 생산성 없는 잠깐의 공상이 공식적으로 허락되는 시간. 뽀송한 수건의 따뜻한 감촉이 나를 기다린다.

2

식물을 관찰하는 시간. 조금만 관심을 두지 않으면 금방 시드는 반려 식물들. 식물을 관찰할 때 나는 느려지고, 깊은 초록으로의 몰입을 경험한다.

3

운동은 힘들지만 '걷는 시간'은 좀 다르다. 매번 이 골목 저 골목으로 코스를 바꿀 수 있으니 새로운 탐방을 즐기는 기분. 혼자 걷는다면 침묵과 함께 길 위에 고민을 풀어놓을 수 있고, 누군가와 함께 걷는다면 바람을 느끼며 대화할 수 있어서 좋다. 잠깐의 침묵이 오더라도 다리는 계속 앞을 향해 움직인다는 사실도 마음에 든다. 무력감이 찾아오는 날, 걷기는 나를 위해 언제나 달려와주는 친구 같은 옵션.

4

무언가를 배우는 시간. 사람들과 눈을 마주치고 에너지가 역동적으로 흐르는 순간이 좋다. 매주 두 번 영어 수업을 들으러 가는 길. 규칙적으로 밖으로 나갈 일이 있다는 것. 나를 기다리고 있는 누군가가 있다는 것. 새로운 문장을 배우고 의견을 나누는 것. 사람들과의 연대감. 나의 이야기를 들어줄 사람들이 있다는 사실에서 오는 안정감.

5

TV 보는 시간. 감정 몰입을 잘하는 나는 방구석 비평도 세게 하는 편이다. 우울할 때는 더 깔깔거린다. 좋아하는 프로그램을 볼 때는 심장이 두근거린다. 맥주 한 캔에 간단한 안주를 곁들여, 남편과 함께 보는 TV의 즐거움은 가성비 최고 행복!

이렇게 수집한 '내가 좋아하는 시간' 리스트를 보는 것만으로 기분이 좋아졌습니다. 내가 무엇을 좋아하는지 그 힌트를 수집하고 있다는 사실이 좋습니다. 리스트를 가지고 있다는 것만으로 든든합니다. 기분이 처지는 날에는 억지로 무엇을 하려고 노력하기보다는 이 중에서 내가 좋아하는 시간을 하나 선택해 사용하면 되니까요.

그러나 여전히 무기력한 하루가 찾아옵니다. '나는 게으르고 쓸모없다'는 생각이 드는 날. 그런 날은 게으른 생활 패턴으로 돌아가 종일 누워서 무기력하게 하루를 마감했습니다.

"오늘 왜 아무 일도 못 했어?"

스스로에게 던진 날카로운 질문이 날아와 박힙니다. 하지만 이것도 나를 알 수 있는 힌트가 아닐까요. 나를 기분 좋게 하는 것들의 리스트가 있다면 나를 지치게 하는 것들도 리스트로 적어볼 수 있을 거예요. 그래서 수집해봤습니다. 좋아하는 것들 못지않게, 나를 지치게 하는 시간도 나를 알아가는 좋은 도구니까요.

〔나를 지치게 하는 시간〕

1

밤이 되면 기분이 처진다. 기분 좋게 하루를 시작했더라도 밤이 찾아오면 오늘 하루에 대한 평가가 슬그머니 올라온다. 그래서 저녁 시간에 뒤늦게 생산적인 일들을 해보려다가 기분이 더 안 좋아지기도 한다. 이 패턴 속에서 나는 얼마나 많이 나를 혼내고 있었을까?

2

유독 마음이 소진되는 모임이 있다. 서로에 대한 다정한 관심보다 정보와 지식만을 나누는 데 집중된 만남. 모임에서 그런 대화를 하고 집으로 돌아오면 유독 마음이 지친다. 이런 유형의 약속이 잡히면, 아침부터 허둥지둥하다가 루틴이 무너진 하루를 발견한다. 집으로 돌아와서는 무엇을 먹거나, 유튜브를 멍하니 보다가 잠드는 날도 많다.

3

불안이 올라오면 충동구매를 할 때가 있다. 해야 할 일들을 미뤄두고 살짝 화가 난 채로 엉뚱한 일에 골몰하기도 한다. 평소 즐겁게 하던 산책, 식사도 흥이 나지 않는다. 몸이 가볍지 않으니, 생각이 더 불어난다. 그 생각 속에는 나를 미워하거나 자책하는 말들이 다수 섞여 있다. 불안하면 나는 무엇을 하는지 계속 살펴보고 수집하고 싶다.

4

종일 무언가를 해내지 못한 날. 이런 시간을 돌아보면, 의지력의 문제이기보다 전날 잠을 못 잔 경우가 많았던 것을 깨달았다. 자책하기 전에 좀 더 잘 쉬고, 푹 잘 수 있도록 나를 다정하게 돌봐줄 방법은 없을지 생각해본다. 몸이 힘든 하루를 보낸 나를 다독여줄 수는 없었을까.

게으른 하루를 보냈다며 엄벌을 내렸던 나를 가만히 살펴보았습니다. 오래된 생활 패턴으로 돌아간 하루도 있었고, 잠을 자지 못해 종일 피곤한 하루도 있었습니다. 마음이 다쳐 할일에 집중하지 못해 무기력한 일상을 보낸 하루도 있었지요. 루틴지 위의 나의 시간들을 바라보고 비로소 알게 된 '게으른 하루'의 이유였습니다.

이유를 물어봐주는 다정한 나를 상상해봅니다. '나를 지치게 하는 시간' 리스트를 만든 뒤, 오늘 있었던 일 중에 무엇이 나를 가장 지치게 했는지 리스트와 차분히 대조를 해봅니다.

이렇게 일주일 루틴을 그리며 시간을 바라보니 나에 대해 몰랐던 영역이 새로 발견되기도 하고, 어제의 나와 오늘의 내가 참 다르다는 것을 느끼기도 했어요. 물론 수집한 힌트들이 엉키는 날이 찾아오기도 했고요. 다양한 자아를 가지고 살아가는, 매일매일 변하는 내가 새롭게 다가왔습니다.

조금은 서툴고 느리더라도 나를 알 수 있는 힌트들을 수집했습니다. 속도가 나지 않아도 괜찮다는 마음으로요. 좋아하는 일을 기꺼이 허락해주고, 지친 하루의 이유를 묻는 건 지금까지 해본 적 없는 일이니까요.

일주일의 루틴을 그리며, 그 안에 숨겨진 나를 찾고 있습니다. 마치 탐정처럼요. 일상에 드라마틱한 변화가 없어도 괜찮았어요. 대신 나만이 아는 아주 작은 변화들이 일어났습니다. 일주일 루틴을 그리고 나 자신을 다정하게 바라보면서요.

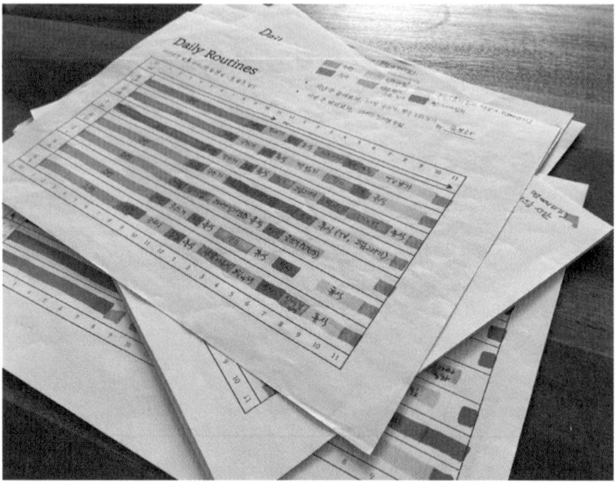
Daily Routines

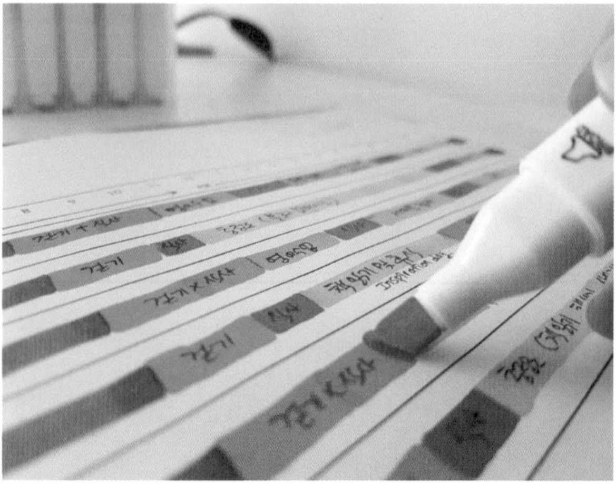

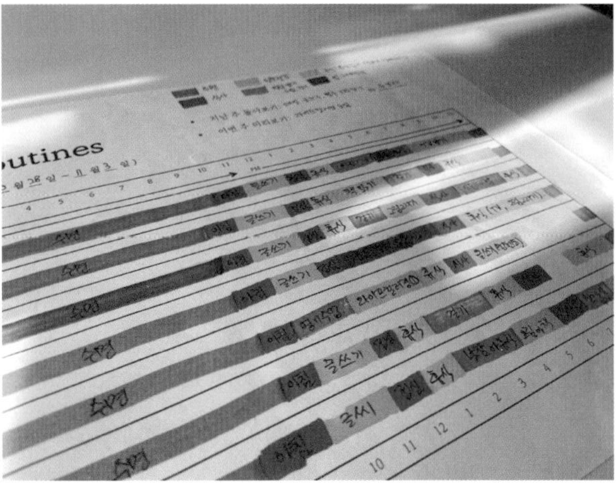

LIFE
COLORING
LIFE
COLORING
LIFE
COLORING
LIFE
COLORING
LIFE
COLORING
LIFE
COLORING
LIFE
COLORING

2.

나의 일주일과 대화하는
라이프컬러링

나의 일주일과 대화하는 라이프컬러링

'라이프컬러링' 어떨까? 일주일의 루틴을 컬러로 그리는 작업을 계속하며 '일상', '루틴', '컬러', '일주일'이라는 단어가 머릿속에 계속 맴돌던 것이 마침내 '라이프컬러링'이라는 이름에 도착했습니다.

이름을 붙여주고 나니 의미가 더 명확해졌습니다. '라이프컬러링'은 다정함이라는 붓을 들고 컬러라는 아름다운 재료로 나를 표현하며 돌보는 작업입니다. 컬러를 입은 일주일과 대화하며 나에 대한 새로운 단서들을 발견하는 일이지요.

라이프컬러링을 할 때면 내가 내 자신을 응원한다는 느낌을 받았어요. 게으른 하루를 보내도 괜찮았습니다. 일주일의 다양한 루틴 안에서 나의 취약함은 그저 하나의 컬러일 뿐이니까요. 매일의 나를 그냥 흘려보내지 않고 계속 돌봐준다는 느낌, 지금의 나를 바라보며 응원을 보내줄 수 있다는 점이 좋았어요.

물론 라이프컬러링을 한다고 갑자기 부지런한 사람이 되거나 효율적인 루틴이 단번에 생기는 건 아니었습니다. 에너지가 없는 날은 늘 지키던 작은 루틴도 하기 어려웠고, 애써 찾은 나에 대한 단서들도 쉽게 부서지고 흩어졌죠. 하지만 나에게 어떤 패턴이 있다는 것, 그 패턴의 윤곽이 보이기 시작했어요.

〔나도 몰랐던 나의 생활 패턴〕

- 하고픈 일, 미루던 일을 아침에 하면 기분이 종일 가벼워.
- 새벽에 깨서 휴대폰을 본 날은 종일 몸이 무겁고, 평소에 하지 않던 부정적인 생각도 하는 것 같아.
- 아무에게도 방해받지 않는 하루가 2주에 한 번은 필요하구나.
- 시트러스 향을 이렇게 좋아했구나. 향을 맡으면 가라앉았던 기분도 잠깐 좋아져.
- 풀리지 않은 고민이 있으면 극단적인 생활 패턴이 생겨. 할 일을 찾아 과하게 움직이거나, 아예 누워 있네.

이런 나의 패턴들을 조금씩 수집할수록 '진짜 나'에 대해 조금씩 알아가고 있다는 느낌이 들었습니다. 세세하게 바라보지 않았던 나의 조각들이 더 선명해졌어요. 나를 탐험하고 발견하는 작업이 결국 있는 그대로의 나를 사랑해주는 방법이라는 것을 알게 되었습니다. 매주 다정한 마음으로 라이프컬러링을 하다 보니 이런 점들이 좋았어요.

컬러로 가볍게 나를 돌아볼 수 있었어요. 라이프컬러링은 흩어지기 쉬운 일상의 시간을 컬러로 시각화하는 작업입니다. 내가 보낸 일주일의 시간을 한눈에 보는 경험이죠. 당장 언어화하기 힘든 감정들도 컬러로 먼저 정돈하여 바라볼 수 있었어요.

나에게 질문을 던져줄 수 있었어요. 나의 일주일을 돌아보며 '오늘은 어떤 시간이 제일 좋았어?', '언제 가장 휴식하고 있다고 느꼈어?' 하고 내게 물어봐줄 수 있었습니다. 종일 아무것도 하기 싫었던 날에는 '그만한 이유가 있었을 거야. 지금 마음이 어떤 거야?'라고 나에게 묻게 되었고요.

나를 알 수 있는 힌트를 발견할 수 있었어요. 아름다운 컬러로 내 일상을 기록하는 것은 '평가'를 위한 작업이 아닌 나를 알 수 있는 '힌트'를 발견하기 위한 작업이에요. '자기 전에 읽는 책이 가장 기분 좋구나', '나는 새로운 것을 배우면서 에너지를 얻는 타입이구나' 같은 발견은 소소하지만, 나를 알 수 있는 소중한 힌트들이었습니다.

일상이 조금씩 단단해졌어요. 내가 좋아하는 순간들이 또렷해졌어요. 일주일 중 내가 좋아하는 순간들을 인식하고, 그 일들을 할 때면 시간의 밀도가 높아지는 기분이었습니다. 예를 들면, 식사를 할 때 천천히 음미하면서 '먹고 있다'는 감각을 느낄 수 있었어요. 늘 하던 일인데, 그 감각이 세세하게 느껴졌어요.

내 속도에 맞춘 일상을 만들 수 있었어요. 라이프컬러링은 머릿속으로 그려만 왔던 수많은 이상적인 스케줄들을 버리는 연습이기도 해요. 좋은 일상을 한번에 만들 수 있다는 환상을 버리게 되거든요. 현실의 내가 할 수 있는 만큼, 내 속도에 맞춘 나를 위한 일을 시도할 수 있어요.

일주일의 생활을 기록한 라이프컬러링에는 '성공'과 '실패'라는 도장이 찍혀 있지도 않고, 점수가 적힌 채점표가 붙어 있지도 않아요. 물론 엉망진창으로 보낸 일주일을 마주할 때면 괴롭기도 하고 자책이 일기도 하죠.
하지만 그런 나를 피하지 않고 잠시 멈춰 서서 바라봐준다는 감각. 그런 감각을 느낄 수 있었어요. 엉망진창인 한 주를 보낸 나도 그냥 나라는 것을 인정해주고 있다는 느낌 말예요.

바쁘게 흘러가는 일상에서 잠깐 빠져나와 거리를 두고 나를 바라봅니다. 무엇이든 거리를 두고 바라보면 조금 더 담담하고 정확하게 볼 수 있다고 믿거든요.

라이프컬러링을 하며 일상의 바깥에서 나를 다정하게 객관화하는 연습을 하고 있어요. 날카로운 비평가는 잠시 넣어두고요. 일주일을 사는 나의 모습을 공들여 바라보는 것. 라이프컬러링은 이런 시도를 도와주는 다정한 친구예요.

게으른 자들이여, 모여라

궁금했어요. 다른 사람들의 일상은 어떨까. 휴식 시간에는 무엇을 하고 싶을까. 고쳐지지 않는 습관을 어떻게 바라보고 있을까. 그들의 생활은 어떤 색으로 채워져 있을까.

사람들을 이 경험에 초대하고 싶었어요. '게으른 자들이여, 모여라!'라고 외치는 마음으로 라이프컬러링 워크숍을 열기로 마음먹었습니다. 단순한 루틴 만들기가 아닌 나다운 일상을 만드는 법에 대해 이야기하고 싶었거든요.

효율적으로 시간을 사용하는 방법을 알려주지는 않지만, 나를 기분 좋게 하는 것들을 천천히 하나씩 알아가자고 말하고 싶었습니다. 부지런한 사람이 되는 빠른 길을 안내하지는 못해도, 내 속도로 천천히 가도 괜찮다는 말을 건넬 수는 있을 테니까요.

두려웠지만 용기를 내보기로 했습니다. 대단한 일상, 거창한 계획이 아니어도 우리의 삶은 빛날 수 있다는 사실을 함께 나누고 싶었어요. 라이프컬러링을 하면서 제가 제 자신을 발견했듯이요.

사람들과 모여 라이프컬러링을 해보고, 각자가 발견한 것들을 나누는 방식으로 워크숍을 진행했습니다. 일주일 중 어떤 시간이 가장 좋았는지, 무엇을 하며 쉬는지, 어영부영 보낸 시간에 대한 감정은 어떤지, 호기심을 가득 장착한 채로 질문을 주고받았습니다. 거기에 답을 하다 보면, 그동안 몰랐던 나를 알 수 있는 힌트가 발견되는 순간들이 찾아왔어요.

다정하게 이유를 물어봐줄 서로가 있다는 것이 좋았습니다. 혼자서 마음속으로 나를 돌보자고 다짐할 때와는 다른 에너지였어요. 내가 발견한 것들을 말하다 보면, 나를 새롭게 선언하는 느낌이 들었어요.

일상을 살아가는 방식에 대한 레퍼런스가 확장되는 느낌이기도 했습니다. 다섯 명의 사람이 모이면 다섯 개의 일상을, 열 명의 사람이 모이면 열 개의 일상을 볼 수 있었으니까요. 사람들의 일상 이야기를 듣고 있으면 그 내용이 나를 알 수 있는 힌트가 되기도 했습니다.

결핍을 고백하는 마음

라이프컬러링 워크숍은 제 결핍을 처음으로 세상에 내놓은 사건이었습니다. 처음 만나는 사람에게 악수를 건네듯, 워크숍에서 저는 첫인사로 게으름과 무기력을 고백했습니다. 무슨 성취를 이루며 살아왔는지를 대신해서요.

사람들 앞에서 결핍을 고백하는 게 약점을 드러내는 일로 느껴지지 않았고, 오히려 용감한 사람이 되는 느낌이 들었습니다. 저의 고민을 꺼내놓으면 분위기는 금세 말랑말랑해졌고, 사람들은 저마다의 결핍을 고백했습니다.

"하고 싶은 일은 많은데, 늘 계획만 둥둥 떠다니고 시간이 훽훽 지나가요", "항상 마음속으로 나를 혼내고 있는데, 그걸 멈출 방법을 모르겠어요", "바쁠 때 몰아서 일하다가 쉴 때는 시체처럼 누워 있는 극단적인 생활 패턴을 가지고 있어요", "잘 쉰다는 감각이 무엇인지 모르겠어요", "늘 걱정이 많아서 피곤해요".

그렇게 다른 사람들의 결핍을 마주할 때면, 다정한 질문을 건네었습니다. "그럴 만한 이유가 있지 않을까요?" 그럴 때면, 그 질문이 상대방이 아닌 나 자신에게 하는 질문처럼 들릴 때가 많았습니다. 무기력했던 시절, 저에게도 이런 다정한 말이 필요했음을, 지금 이 시간이 수없이 나를 혼내던 마음들과 화해하는 과정임을 깨달았죠.

그래서 라이프컬러링은 스스로에게 보내는 화해의 메시지이기도 합니다. 서로에게 다정한 질문을 건네는 과정 자체가 치유의 힘을 지녔습니다. 컬러로 표현된 루틴을 평가 없이 바라보며 힘들지 않았는지, 지금 나에게 더 해주고 싶은 것은 무엇인지를 발견하는 과정에서 강력한 에너지가 생겨납니다. 혼자서 일주일을 그려볼 때와는 다른 에너지였어요.

'내 결핍이 사람들을 돌보고 있구나.'

감사한 마음이 들었습니다. 물론 워크숍을 열며 늘 용기와 위안만 얻는 건 아니었어요. 정원이 다 차지 않아 워크숍을 취소한 날들도 무수했고, 무례한 사람을 만나는 경우도 있었습니다. 시행착오도 많았습니다. 그래도 버텨보고 싶었습니다. 사람들과 나누는 진솔한 대화가 좋았고, 흐르는 에너지 속에서 서로가 위로받는 감각이 좋았습니다. 나와 조금씩 화해하고 있다는 것만으로 이 일을 지속해야 할 이유가 충분했습니다.

조금 더 긴 호흡의 워크숍을 진행할 때면 라이프컬러링을 하는 과정들을 함께 경험할 수 있어서 좋았습니다. 워크숍에서 발견한 힌트들을 실제 일상으로 어떻게 적용하는지를 볼 수 있었지요. 자신을 잠깐 기다려주는 시간을 통해 마음의 상태를 묻고 서로 응원해주었습니다. 그 마음을 기억하며 오늘도 저는 워크숍을 엽니다.

평가 없이 가만히 나를 바라보는 순간

어느 날, 라이프컬러링 워크숍에서 이런 질문을 받았습니다.

"아침에 한 시간 더 일찍 일어나 영어 공부를 하려고 하는데, 그 '한 시간 일찍'이 참 어려워요. 어떻게 하면 루틴으로 만들 수 있을까요?"

왜, 해도 해도 잘 만들어지지 않는 습관들이 있잖아요. 어떤 루틴들은 어려움 없이 잘 만들어지는데, 어떤 것들은 시작하려고 생각만 해도 답답한 마음이 앞서곤 합니다. 그럴 때는 루틴 만들기에 앞서 스스로에게 던지는 다정한 질문이 필요하다고 생각해요. 예를 들면 이런 질문입니다.

"아침에 한 시간 더 일찍 일어나는 일이 나에게는 왜 이렇게 힘들까? 계획보다 더 자고 난 후 나의 마음은 어떻지? 나를 혼내거나 다그치고 있지는 않나? 그런 마음으로 하루를 시작하는 나의 에너지는 어떤 상태일까?"

저에게도 다정한 질문이 필요한 영역들이 존재해요. 바로 운동입니다. '운동을 시작한다고 다짐만 하고, 벌써 몇 년째 제대로 된 시작을 못 하는 거야!' 이런 생각을 하면 숨이 턱 막힙니다. 이 속에 다정한 마음은커녕, 나를 몰아칠 준비가 된 나만이 있다는 게 무섭기도 해요.

'나는 왜 운동이 하고 싶지?', '다짐만 했다가 실패했던 날 내 마음이 어땠지?', '운동만 생각하면 나는 늘 주눅들어 있지 않았나?' 하는 질문을 나에게도 던져봅니다. 무언가를 두려워하는 마음 앞에 서기까지는 시간이 걸립니다. 때론 답답한 마음이 올라오기도 해요. 하지만 다정한 마음 없이 나를 몰아붙이다 보면 결국에는 운동을 포기하거나, 다른 핑계를 둘러대는 저를 늘 마주했어요.

그래서 나를 돌보는 마음으로 그 일이 두려운 이유를 끈질기게 물어봐주고 싶습니다. 채근하지 않고 천천히 계속 묻다 보면, 어느새 그 앞에 바로 설 수 있게 됩니다. 그리고 그 이유를 못 찾을 리 없다고 저는 믿습니다. 평가를 내려놓고 가만히 나를 바라보는 순간, 그 도착의 순간을 좋아합니다.

이렇게 해보면 어떨까요. 일이 마음먹은 것처럼 잘되지 않을 때, 잠깐 멈추고 나를 바라보는 연습을 하는 거예요. 해내지 못한 이유를 억지로 찾아 합리화하는 것도 아닌, 무작정 나를 비난하는 마음도 아닌, 잠깐 멈추어 묻는 연습입니다.

'그것을 해내지 못했을 때, 내 마음은 어때?'

잠깐 멈춰 거리를 두고 나에게 물어봐주는 것. 처음부터 정답을 정해놓지 마세요. 그저 나에게 다정하게 질문합니다. 해내지 못해서 두려울 수도 있고, 내가 한심하게 느껴질 수도 있을 거예요. 하지만 그 마음이 지금의 나라면, 겁먹은 나를 다정하게 안아줄 내가 필요하다는 뜻이 아닐까요.

나를 궁금해하는 마음으로 따뜻하게 질문을 던져주는 연습. 루틴을 그리며, 오늘 하루의 나를 바라보며, 나에게 시도할 수 있는 가장 아름다운 연습. 오늘도 저는 질문하며 스스로와 화해하고 있습니다.

요즘의 내가 잘하고 싶지만, 마음처럼 잘 풀리지 않는 일이 있는지 떠올려보세요. 그리고 질문을 적어보세요. 합리화나 비판 없이 궁금하고 다정한 마음으로요.

ACTION

1. 잘하고 싶지만 마음처럼 안 되는 것이 있다면 적어보세요.

ex.

나는 운동을 해야 한다는 것을 알면서도 늘 시작이 어려워. 막상 운동을 하면 기분도 좋아지는데 말이야. 마음 먹었다가 실패하고, 굳게 다짐했다가 실패하고, 계속 실패하니까 자꾸 시작조차 하기 싫어져.

2. 그것을 해내지 못했을 때, 내 마음은 어떤가요?

ex.

마음먹으면 잘하는 일도 많은데 이건 이렇게 힘들까. 마음이 불편하고 자책이 들기도 해. 모든 것을 다 잘하고 싶은 욕심 때문인지도 몰라. 나에게도 잘 안되는 게 있을 수밖에 없는데 말이야. 실패하는 내 모습을 보고 싶지 않은 것 같기도 해.

3. 내가 나에게 해주고 싶은 질문을 적고, 그 질문에 대답해보세요.

ex.

"나는 왜 운동을 시작하는 게 유독 어렵지?"

☞ 어렸을 때부터 운동에 대한 자신감이 없었지. 운동하는 만큼 성과가 보이지 않았으니까, 늘 포기하고 싶었던 마음이 앞섰던 것 같아. 성인이 된 이후에도 돈을 내고 운동을 배우러 가면 선생님들에게 무언의 평가가 내려질까 봐 늘 불안하고 초조했던 것 같아.

"혼자서 하는 운동은 어때?"

☞ 마음 먹기가 쉽지 않아. 혼자 하면 쉽게 지치고, 실력이 잘 늘지 않으니까 자꾸 멈칫거려져.

"왜 나는 운동이 하고 싶을까? 내가 나에게 운동이 필요한 이유를 정확하게 설명해 준 적이 있었던가?"
☞ 그저 운동을 필수라고만 생각했지, 이유를 정확히 물어봐준 적은 없는 것 같아. 나를 위한 일이라고 생각하기보다는, 해내지 못하면 뒤처지는 것 같은 기분으로 운동을 대했던 것 같아.

"운동 루틴을 만드는 일을 거창하게 생각하고 있는 것은 아닐까? 하루에 몇 km를 뛰어야 한다는 식으로. 지금 내가 아주 작게 시작할 수 있는 것은 뭘까?"
☞ 아주 작은 시작은… 스트레칭? 사실 아주 작다고도 할 수 없지. 이것도 매일 하는 건 쉬운 일이 아니니까. 나는 우선 '이것 하나 해내지 못해?'라는 마음에서 조금 자유로워지고 싶어. 매일 해내지 못해도 나를 너무 혼내지 않는 마음, 가볍고 즐거운 마음, 나를 위한 마음으로 스트레칭을 시작해볼래. 물론 실패할 수도 있겠지만.

잘 쉰다는 것은 나를 잘 안다는 것

회사를 그만둔 후, 아무것도 안 하는 것이 소원이었습니다. 정말 말 그대로 그냥 쉬는 것. 그런데 말이에요. 일할 때는 그렇게 쉬고 싶었는데, 막상 시간이 주어지니 불안해서 제대로 쉴 수 없었어요. 그런 제 마음이 힘들었고요. '정말 즐겁게 시간을 보냈다. 충만했다. 기분 전환 제대로 했네!'라고 느끼는 순간은 너무 찰나이거나 우연이었던 순간이 많았습니다.

'잘 쉬었다'는 느낌을 더 자주 누리고 싶었지만, 어디서부터 어떻게 손을 대야 할지 엄두가 나지 않았습니다. 좋아하는 취미, 친구, 음식은 분명 존재하지만, 어쩐지 쉴 때는 파편적인 정보나 즉흥적인 기분만을 따르는 경우가 많았어요. 에너지가 다운되는 날에는 뭘 해도 재미있게 느껴지지 않았고요.

생각해보면 '내가 원하는 휴식'이 무엇인지 제대로 탐색해본 적이 한 번도 없었어요. 단순히 '휴식 시간엔 내가 좋아하는 걸 하면 되지'라고 생각했거든요. '무엇을 하면서 쉬고 싶지?'를 떠올리면 언젠가 광고에서 본 편안한 침대 위의 수면, 숲속을 천천히 걷는 이미지, 뜨끈한 온천에 몸을 담그는 장면이 떠올랐어요. 내가 특별히 더 좋아하는 순간이라기보다는, 쉽게 떠올릴 수 있는 통념적인 이미지에 가까웠죠.

나에 대한 애틋한 관심 없이 정말 내가 원하는 휴식을 발견할 수는 없겠다는 생각이 들었어요. 좋았던 감각이나 장면을 놓치지 않고 수집하는 것은 나를 꾸준히 관찰할 때 가능했어요. 남들이 좋다고 이야기하는 순간이 아닌, 진짜 내가 좋아하는 장면을 기억해두는 거죠.

라이프컬러링을 하면서 나를 돌보고 싶다고 생각할수록 나를 위한 휴식을 더 적극적으로 찾게 되었어요. 나에게 관심을 가지면 가질수록 내가 좋아하는 장면들이 더 폭넓게 수집되는데요, 이 장면들이 일상에 많아진다는 건 잘 쉬고 있다는 뜻이에요. 그래서 '어떤 시간을 가장 좋아하세요?'는 결국 '어떻게 휴식하세요?'와 연결되는 질문입니다. 사람들에게 이 질문을 던지자 다양한 대답이 돌아왔습니다.

"아무것도 안 하고 누워 있으면 쉬었다는 느낌이 들어요."
"달리기를 하면 기분이 확 좋아져요. 힘껏 달리고 나면 뭔가 할 수 있다는 느낌, 자신감이 생겨요."
"계획을 세울 때 느끼는 순수한 즐거움이 있어요. 여행도, 일도, 데이트도 준비하는 과정을 좋아해요."
"완전히 혼자 있는 시간이 확보되어야 휴식했다고 느껴요. 고요함 속에서는 무엇을 해도 좋아요."

내가 진짜 원하는 '휴식'이 무엇인지 고민해본 적 있나요? '더 일 잘하는 법', '더 성장하는 법'에 대해서는 많이 이야기하지만, '더 잘 쉬는 법'이나 '더 좋은 휴식'에 대한 이야기는 한정된 이미지로만 존재하는 경우가 많잖아요.

휴식은 정말 다양한 모양으로 존재해요. 우선, 내가 좋아하는 시간들을 떠올려보세요. 그 순간은 곧 나에게 맞는 휴식과 연결됩니다. 제가 좋아하는 순간은 이런 것들이에요.

- 해질녘에 집으로 돌아올 때. 평범한 골목길에서 느낀 안전하고 따뜻한 감정
- 집으로 들어오는 햇빛을 관찰할 때의 고요함
- 테이블을 베란다 가까이에 옮겨두고 창밖을 보며 먹는 점심 식사 시간
- 빨래를 돌려놓고 소파에 푹 눌러앉아 넷플릭스를 보는 시간

자, 이제 이 순간 속의 나를 관찰해봅니다. 어떤 감정을 느꼈나요? 그리고 그 감정을 느끼는 어떤 '나'가 존재하나요? 이 장면들 속에서 저는 이런 '나'를 발견했어요.

- 해질녘의 안락함을 좋아하는 나

- 익숙한 풍경이 주는 편안함을 좋아하는 나
- 분주할 때도 햇빛이 들면 잠깐 일을 멈추고 볕을 쬐는 나
- 식사 시간을 중요하게 여기는 나
- 마음이 허할 때는 정성스럽게 한 끼를 준비하는 나
- 빨래를 돌릴 때 작은 성취감을 느끼는 나
- 뭔가를 해결하고 소파에 푹 눌러앉을 때 기분 좋아지는 나

내가 좋아하는 순간을 떠올리기만 해도 이렇게나 많은 나를 발견할 수 있어요. 나에 대해서 조금 더 알게 된 거예요. 나를 더 잘 알게 되면 더 잘 쉴 수 있겠지요. 그렇기 때문에 잘 쉰다는 것은 나에 대해서 잘 안다는 것이기도 합니다.

아주 소소해서 놓치고 있었던 순간들, 이미 내 일상에 존재했던 순간들. 세세하게 느껴보지 않았을 때는 그냥 흘러가는 순간들. 그 순간들이 나를 이루고 있었습니다.

나를 위한 시간들을 음미하며 나를 돌보는 마음을 가꿔주세요. 내가 좋아하는 순간들이 내가 잘 쉴 수 있게 해줄 거예요. 자, 이제 여러분의 차례입니다.

ACTION

지금 당장 떠오르는 '내가 좋아하는 순간'은 무엇인가요?

그 순간과 연결된 '나'를 발견해보세요. 그런 '나'의 목록을 괄호 안에 적고, 그때의 내 표정은 어떨지 그려보세요.

ex.

〔 **해질녘의 안락함을 좋아하는** 〕 **나**

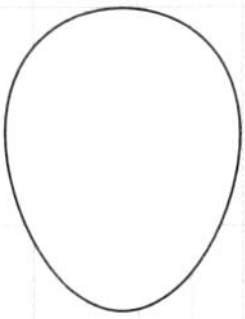

〔 〕 **나**

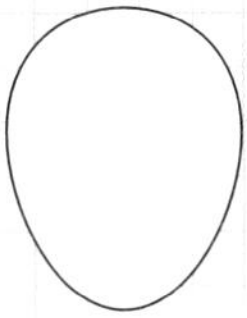

〔 〕 **나**

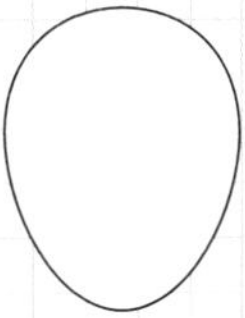

〔 〕 **나**

휴식 리스트를 만들면 생기는 일들

막 떠올려서 순간적으로 잡아 올린 휴식의 순간 말고, 조금 더 구체적으로, 조금 더 감각을 총동원해서 휴식의 순간을 들여다보면 어떨까요. 내가 좋아하는 순간들을 모아 휴식 리스트를 만들어보는 거예요. 이 작업을 하면 나에게 여러 가지 멋진 일들이 생깁니다.

첫 번째. 휴식 리스트를 작성하면 아주 사소하게 여겼던 순간이 실은 내게 정말 중요한 순간이었음을 발견할 수 있습니다. '이 노래의 전주만 들어도 나는 기분이 좋아지는구나', '이 길을 걸을 때 나는 마음이 편해지는구나', '따뜻한 물로 샤워를 하면 마음이 조금 풀리는구나' 같은 사소하지만 중요한 발견들이죠.

두 번째. 휴식의 순간을 내 일상에 더 많이 허락해주고 싶다는 마음이 생깁니다. '매일 아침, 나를 위해 커피를 내려볼까', '오늘은 나를 위해 기꺼이 산책을 나서볼까' 하는 마음들이지요. 휴식 리스트의 응원을 받은 나의 마음은 내가 좋아하는 순간을 나의 일상에 더 많이 구현하는 힘을 낼 수 있어요.

세 번째. 내가 좋아하는 감각들을 다른 일로 확장 적용할 수 있어요. '차를 운전하면서 신나는 음악을 듣는 것을 좋아하는 나'라면 '독립된 공간', '신나는 음악', '이동한다는 운동성', '원하는 곳으로 차를 움직인다는 통제감'과 같이 여러 가지 감각을 떠올려볼 수 있습니다. 이 중 내가 특히 좋아하는 감각이 생기기 마련입니다. 만약 내가 특히 더 좋아하는 것이 '독립된 공간'이라면, 이걸 확장 적용해 때때로 나를 알아보는 사람이 없는 익명성이 가득한 공간에 가거나, 시간을 정해두고 완전히 혼자 단절된 공간에 있는 실험을 해볼 수도 있겠지요.

휴식 리스트는 좀처럼 힘이 나지 않을 때, 주말이 돌아와도 막상 무얼 하며 쉬어야 할지 모를 때 나를 도와줄 든든한 친구가 되어줄 거예요. 기분이 안 좋을 때는 내가 무엇을 좋아하는지, 뭘 하면 기분이 나아지는지도 잘 생각나지 않잖아요. 그럴 때 이 리스트를 나를 돕는 강력한 무기로 사용해보는 거예요.

시간을 정해 휴식 리스트를 꼼꼼하게 적어보세요. 일상에서 새로운 휴식의 순간이 떠오르면 또 채워 넣습니다. 그 누구도 알 수 없고, 대신 만들어줄 수도 없는 리스트. 나에 대한 사랑을 리스트에 잔뜩 갈아 넣어주세요.

라이프컬러링의 목적은 좋은 일상을 만드는 데에 있습니다. 컬러로 일주일을 그리고 채우며 내가 좋아하는 시간을 찾는 다정함, 휴식 리스트를 만들며 내가 좋아하는 순간을 일상에 더 많이 넣어주려는 노력이 필요해요.

자, 이제 여러분 차례입니다. 내가 좋아하는 휴식의 장면들을 문장으로 써볼 거예요. 나에 대한 논문을 작성한다는 마음으로 구체적이고 생생하게 써보세요. 다음 페이지에 '나만의 휴식 리스트 만드는 방법'을 준비해두었습니다. 뒤에 이어지는 샘플을 참고하여 여러분만의 휴식 리스트를 만들어 보세요.

나만의 휴식 리스트 만드는 방법

Step. 1

〈휴식 재료〉 표에서 내가 좋아하는 것을 찾아 체크하세요.

Step. 2

각각의 재료와 연결되는 일상의 장면을 떠올려보세요. 지금 그 순간에 있는 것처럼 생생하게 떠올려보고 그 장면들을 〈휴식 리스트〉에 구체적으로 적어보세요.

Step. 3

리스트를 적은 후, 각 휴식에 '휴식 레벨'을 붙여보세요. 일상에서 자주 할 수 있거나, 비교적 쉽게 해볼 수 있는 활동은 **Lv. 1**, 더 많은 시간이나 에너지를 들여야 하는 휴식은 **Lv. 2**, **Lv. 3**으로 레벨을 올려 적으세요. 이렇게 하면 나의 에너지나 마음 상태에 따라 적절한 휴식을 선택할 수 있게 됩니다.

〈 휴식 재료 〉

내가 좋아하는 것을 체크해보세요

누구와

☑ 혼자서 하는 휴식
☐ 둘이서 하는 휴식
☑ 친근한 커뮤니티
☐ 낯선 사람과의 긴장감

활동성

☐ 가만히 누워 있는 것
☑ 가벼운 움직임
☑ 천천히 걷기
☐ 땀 빼는 운동

어디서

☑ 집에서 하는 휴식
☑ 영감을 주는 새로운 장소
☐ 편안하고 익숙한 장소
☐ 고립된 장소

감각

☑ 시각적 영감
☐ 좋은 소리와 음악
☑ 좋은 향과 분위기
☐ 좋아하는 촉감
☐ 맛있는 음식

언제/얼마나

☑ 매일 조금씩 짬짬이
☐ 아무 방해 없는 하루
☐ 아침 / ☑ 오후 / ☐ 저녁
☑ 주중 / ☐ 주말

정서

☐ 성취감을 느끼는 것
☑ 감정이 충만해지는 것
☐ 기분 전환 / ☑ 신나는 것
☐ 안정감 / ☐ 고요한 것

〈 휴식 리스트 〉

내가 좋아하는 휴식을 적고, 휴식 레벨을 붙여주세요

Lv. 2 나를 위해 공들인 식사 한 끼를 준비하는 것. 특히 마음이 허할 때는 된장찌개가 나에게 특효약이다. 찌개에 넣을 제철 재료를 하나쯤 준비한다. 허둥대는 마음 없이 만드는 과정을 충분히 음미한다.

Lv. 1 좋아하는 재즈 음악을 들으면서 집에서 가볍게 스트레칭하기. 뻐근해진 몸이 풀리는 느낌이 좋다. 날이 맑아 집 안으로 햇빛이 들어오고 있다면 기분이 더 좋아진다.

Lv. 3 동네 어슬렁거리기. 새로운 골목길을 만나면 신이 난다. 동네 특유의 냄새, 지나가는 사람들, 새로운 간판들… 동네의 풍경 하나하나를 유심히 살펴보는 것이 재밌다.

Lv. 4 확실한 기분 전환을 하고 싶을 때는 가구 배치를 바꾼다. 가구를 옮기기 힘들 때는 스탠드 조명의 위치나, 소품의 위치를 바꾼다. 공간의 변화를 보면서 작은 성취감을 느낀다.

ACTION

〈 휴식 재료 〉

내가 좋아하는 것을 체크해보세요

누구와
- ☐ 혼자서 하는 휴식
- ☐ 둘이서 하는 휴식
- ☐ 친근한 커뮤니티
- ☐ 낯선 사람과의 긴장감

활동성
- ☐ 가만히 누워 있는 것
- ☐ 가벼운 움직임
- ☐ 천천히 걷기
- ☐ 땀 빼는 운동

어디서
- ☐ 집에서 하는 휴식
- ☐ 영감을 주는 새로운 장소
- ☐ 편안하고 익숙한 장소
- ☐ 고립된 장소

감각
- ☐ 시각적 영감
- ☐ 좋은 소리와 음악
- ☐ 좋은 향과 분위기
- ☐ 좋아하는 촉감
- ☐ 맛있는 음식

언제/얼마나
- ☐ 매일 조금씩 짬짬이
- ☐ 아무 방해 없는 하루
- ☐ 아침 / ☐ 오후 / ☐ 저녁
- ☐ 주중 / ☐ 주말

정서
- ☐ 성취감을 느끼는 것
- ☐ 감정이 충만해지는 것
- ☐ 기분 전환 / ☐ 신나는 것
- ☐ 안정감 / ☐ 고요한 것

〈 휴식 리스트 〉

내가 좋아하는 휴식을 적고, 휴식 레벨을 붙여주세요

Lv.___

Lv.___

Lv.___

Lv.___

LIFE
COLORING
LIFE
COLORING
LIFE
COLORING
LIFE
COLORING
LIFE
COLORING
LIFE
COLORING
LIFE
COLORING

3.

라이프컬러링을 시작합니다

이번 장은 준비된 가이드에 따라

직접 루틴을 그리면서 읽는 것을 추천합니다.

나의 일주일 루틴
라이프컬러링 하기

우리는 매일 변합니다. 특별히 마음에 드는 일주일이 있을 수도, 유독 힘들었던 한 주가 있을 수도 있겠지요. 하지만 변하는 일상 속에서도 '나를 기쁘게 하는 시간'과 '나를 지치게 하는 시간'은 언제나 존재합니다.

그러니 루틴을 기록할 일주일이 다른 주보다 더 특별한 한 주일 필요도 없고, 더 힘들었던 한 주일 필요도 없습니다. 더 특별했거나 더 가혹했던 날에도 나다움은 언제나 있으니까요.

라이프컬러링으로 나의 시간을 수집하고 표현하는 순서는 다음과 같습니다.

STEP 01 지난주에 한 일 떠올려보기
STEP 02 지난주에 한 일 컬러로 그리기
STEP 03 여섯 가지 카테고리 완성하기
STEP 04 나를 알 수 있는 힌트 발견하기
STEP 05 한 단어로 나의 일주일 정리해보기
STEP 06 다음주 라이프컬러링 하기

이번 장에 여섯 개의 스텝에 따라 라이프컬러링 하는 방법을 담았습니다. 차근차근 따라하다보면 혼자서도 거뜬히 라이프컬러링을 할 수 있을 거예요.

먼저 라이프컬러링 루틴지를 소개하겠습니다. 일주일 루틴을 그릴 색색의 마커, 색연필 등 마음에 드는 도구를 준비해 주세요. 어떤 일주일이라도 나를 발견할 수 있는 힌트가 존재한다는 믿음으로 라이프컬러링을 시작해볼까요?

HOW TO USE

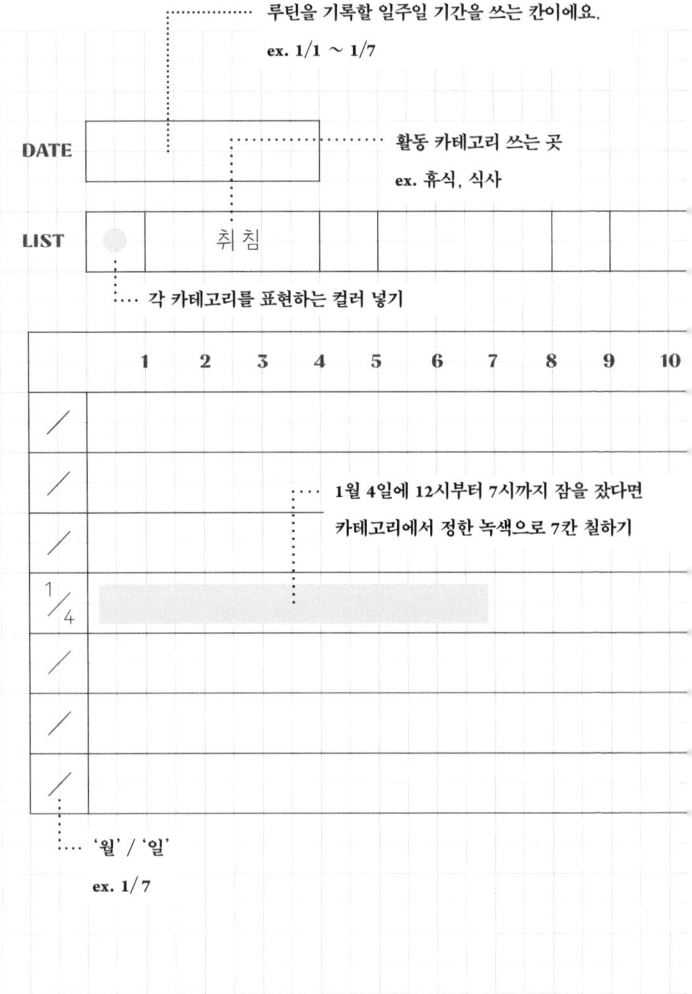
루틴을 기록할 일주일 기간을 쓰는 칸이에요.
ex. 1/1 ~ 1/7
DATE
활동 카테고리 쓰는 곳
ex. 휴식, 식사
LIST
취침
각 카테고리를 표현하는 컬러 넣기
1
2
3
4
5
6
7
8
9
10
1월 4일에 12시부터 7시까지 잠을 잤다면
카테고리에서 정한 녹색으로 7칸 칠하기
1/4
'월' / '일'
ex. 1/7

루틴을 그린
나의 일주일을
글로 표현해보세요.

나의 일주일에 이름을 붙여주세요.

13	14	15	16	17	18	19	20	21	22	23

1시간을 표현하는 '블록'입니다.
하루는 24개 블록, 일주일은 168개
블록으로 구성되어 있어요.

STEP 01

지난주에 한 일 떠올려보기

지난주에 한 일을 떠올리는 것은 나의 일주일을 돌아보는 멈춤의 시간을 갖는 일입니다. 마음을 잠시 붙들고, 지난주에 일어난 일들에 집중해봅니다. 가장 먼저 생각나는 일, 가장 기분 좋게 떠오르는 일, 무거운 마음으로 상기되는 일 모두 나를 알 수 있는 힌트입니다. 한 발짝 떨어져서 나를 바라보세요. 나에 대해 새롭게 발견하고 싶다는 마음으로 내 시간을 들여다보세요.

지난 일주일을 떠올려보세요

지난 한 주 간 했던 일들을 떠올려봅니다. 오늘이 수요일이면 지난주 수요일부터 이번 주 화요일까지를 지난주의 기준으로 잡습니다. 사진첩, 스케줄러, 다이어리, 메신저 대화 내용 등을 적극적으로 살펴보세요.

일주일을 완전히 복원하겠다는 환상은 버리세요

지난주 루틴을 그리다 보면 모든 시간을 빼곡하게 다 채우고 싶은 마음이 생깁니다. 일주일 전체를 빠짐없이 복원하는 것은 쉬운 일이 아니에요. 처음부터 모든 영역을 다 채운다고 생각하지 않고 생각나는 것부터 차근차근 떠올려봅니다.

방학 때 그렸던 '생활 계획표'와 달라요

내가 했던 '활동'을 구분하는 데에 집착하지 않습니다. 정확하게 시간을 나누고 그려내는 것보다 더 중요한 것은 나에 대한 새로운 발견이니까요. 지난 일주일을 복원하다가 떠오르는 감정이 있다면, 그것이 나를 알 수 있는 중요한 힌트가 되어줄 거예요. 모든 시간의 감정을 다 상기해볼 필요는 없지만, 특별히 기억에 남는 감정의 조각들이 있다면 호기심을 가지고 좀 더 들여다보세요. 그 호기심이 질문으로 이어지고, 질문은 새로운 발견으로 연결될 거예요.

지난주에 어떤 감정이 있었는지 떠올리기 어렵다면

처음부터 지난주의 나에게 어떤 감정들이 있었는지 딱 알아차리기는 어려워요. 그럴 때는 우선 나에게 인상적이었던 활동들을 상기해보면 좋습니다.

예를 들면 저는 채팅방 메시지들을 살펴보다가 어떤 감정이 떠올랐습니다. 지난주에는 친구들과 단톡방에서 나눈 대화의 양이 많았어요. 그중에서 마음이 불편해지는 말 하나가 있었어요. 저녁 내내 그 내용을 곱씹었고, 그날은 유독 늦게 잠들었어요. 아침에 일어나니 몸이 무거웠고, 그 영향이 다음 날까지 있었다는 것을 깨닫게 되었어요. '친구들과 늘 나누던 대화인데, 그중에서 어떤 점이 나를 불편하게 만들었을까? 나는 무엇에 특히 민감한 사람인가? 나는 마음이 불안하거나 불편할 때 주로 무엇을 하지?' 같은 질문을 내게 건네봤습니다. 루틴지 위에 그냥 휴대폰을 보며 보낸 시간으로 기록할 수도 있었만 감정에 조금 더 집중해본 것이죠. 그때의 감정이 다른 날에도 영향을 미쳤음을 알아차린 것이 큰 수확이었죠. 이렇듯, 일주일을 돌아보는 것은 그런 일이 나에게 일어났는지를 살펴봐주는 연습이에요.

…에 따라 나뉘는데요.

1관 생활관 나를 돌보는 라이프스타일을 제안합니다.
2관 여행관 오늘이 행복해지는 여행을 소개해요.
3관 취미예술관 아티스트처럼 즐길 수 있는 취미예술을 찾아봐요.
4관 심신수련관 몸과 마음을 돌보는 방법을 배웁니다.
5관 문학관 삶의 태도를 제안합니다.
6관 교양관 나의 성장을 돕는 지식과 지혜를 담습니다.
7관 일관 현명하게 일하고 균형 있게 살아가는 방법을 찾습니다.

이런 가상의 마을을 만든 이유는 아주 심플합니다. 우리만의 취향공동체를 만들고 싶었어요. 비슷한 고민을 하고, 비슷한 것을 좋아하고 즐기고,지향하는 삶의 태도가 같은 방향인 사람들을 위한 책. 그런 책을 통해 소통하고 싶었습니다. 주민 여러분! 우리 '출판사와 독자'라는 사이를 넘어 서로 호감을 갖고 믿을 수 있는, 의지하기도 하고 응원해주는, 상대가 좋아하는 일을 기꺼이 돕는 그런 사이가 되었으면 좋겠습니다.

앞으로도 친하게 지내요. 입주를 축하합니다. :)

407호 입주를 환영합니다

안녕하세요~! 연남동에서 책을 만드는 '자기만의 방'입니다

자기만의 방 마음소식지
2021 – 4

[4관 심신수련관]의 407호 나의 일주일과 대화합니다 를 선택한 여러분은, 이제 자기만의 방 주인이 되셨습니다. 고맙습니다.
이 책은 나의 일주일을 '컬러'로 그려보며 나를 위한 시간을 발견하고, 나를 돌보는 루틴을 찾게 도와주는 책이랍니다. 그걸 '라이프 컬러링'이라 불러요.
LIFE COLORING

○ 지난 일주일, 가장 좋았던 시간은 언제인가요?

다음주, 가장 확보하고 싶은 시간은요~?

주민님들의 '나를 돌보는 시간'은 무엇인가요?

+) 자기만의 방 소식에 시간을 내주신 분들은 인스타그램 (@_jabang)과 유튜브 ('자기만의방'검색)로 놀러오세요 (^)

다정하고 아름다운 자방마을의
주민 여러분, 만나서 반갑습니다.

이 책의 이야기들은
'내 일주일은 어떤 모양으로 생겼을까?'
하는 질문으로 부터 시작되었습니다.
그 질문이 제 일상의 정말 많은 부분을
바꾸어 놓았거든요.

일주일을 컬러로 그려보고,
나에게 다정한 질문을 마구 던져주세요.
나의 일주일이 분명 그 답을 알려줄거예요.

호기심 가득한 눈빛으로
애틋하게 나 스스로를 바라보는 연습,
그 연습을 함께 하고 싶습니다.

-유보라 드림-

누군가 저에게 편집자로 일하는 장점을 묻는다면, '인간으로서 조금 더 열심히 - 그리고 이롭게 살아가자는 동기 부여를 꾸준히 받을 수 있다는 것을 꼽을 것 같아요. 네, 이 책을 만들면서도 그랬답니다. ✧.✧

매일매일이 똑같은 줄만 알았는데 - 라이프컬러링으로 제 시간을 가만히 들여다보니, 어떤 시간이 나를 도와주고 있는지 조금이나마 느끼게 되었어요. 그리고 그 시간만큼은 놓치지 않자고, 스스로에게 매일 매일 이야기해줄 수 있게 되었습니다.

저는 퇴근 후, 회사 앞 길냥이들에게 물과 간식을 주곤 해요. 그저 매일 나타나준다는 사실만으로도 마음이 따뜻해지는 시간입니다. 고양이가 아닌, 나를 돌본다는 느낌이 들기도 하고요.

전에는 이 시간이 나를 돌보는 시간이라고는 생각치 못했어요. 이 책과 함께하며 퇴근 후 이 루틴이 나를 지켜주고 돌봐주고 있었다는 사실을 깨닫게 되었답니다. 앞으로도 이 작은 루틴은 꼭 지켜내보려고 해요.

나를 위해 시간을 바라보고, 나를 돌보는 일에 인색해지지 않기로 해요. 이 책이 주민 여러분께도 그러한 용기를 가져다줄 것이라 믿어 의심치 않습니다. ♥♥

현

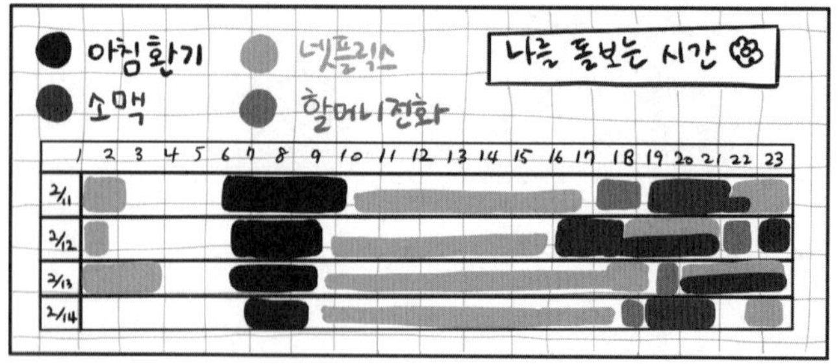

2021 올 설 연휴,
조용히 집콕한 에디터령의 다정하고 알콩 향 가득한
라이프컬러링 루틴지를 공개합니다.

● 아침환기 : 주로 룸메이트가 "쫑 일어나라! 해가 중천이다!" 하고 창문을 열어두는 시간입니다. 전기장판 속 늘어붙은 몸과 찬바람을 맞는 얼굴의 상쾌한 온도차가 환상이에요~

● 소맥 : 편의상 '소맥'이라 썼으나, 막걸리·양주 등 주종 가리지 않고 들이부은 행복한 시간입니다.

● 할머니 전화 : 설에 본가를 못 내려가(ㅠㅠ) 가족들과 통화로 만남을 대체했습니다. 그래도 랜선 세배했으니, 곧 세뱃돈 받을수 있겠죠..?

● 넷플릭스 : 넷플과 웨이브, 유튜브는 숨쉬듯 틀어놓았어요. 시간으로만 따지면 제일 저를 많이 돌봐준 고마운 친구들이지요.

령

제대로 쉬지 못하고 있다 생각하던 때가 있습니다. 번이
각했지요. 그게 1년 반 전쯤입니다. 그러다 라이프컬러
식이라고 하면 침대에 누워 아무것도 안 하는 것이라고
나 예능을 보며 짝꿍과 맛있는 걸 먹는 시간이었더라고
일부러 확보하고, 즐겁게 누리기 위해 준비하기도 하며

시간이 흘러 지금은 걷는 시간이 저의 휴식 시간이자
5시에 집 근처 공원을, 주말엔 세상의 모든 냄새를 맡
몇 시간이고 걷습니다. 1년여 사이 휴식의 방법이 바
또한 라이프컬러링입니다.

이렇게 라이프컬러링은 나의 현재는 물론이고 변화를
구였습니다. 나 자신이 어떻게 변화하고 있는지 관찰
어요. 할머니가 되어서도 호기심 있게 나를 바라보고
더 자주 만들어주고 싶습니다. :)

라이프컬러링으로 돌아본 저의 일주일은 ㅂ
이벤트도, 약속도 없는 날들 속에서, 때기
일하고 때가 되면 먹고 틈이 나면 음악을
웹소설을 읽습니다 (이 시간이 제일 많긴
저의 라컬 루틴지를 보고, 자신에게 물었습
이상하게도 고개가 끄덕여지지 않았습니다.
어쩐지 의미없이 흘러가고 있는 것처럼 느
다 읽고서야 알게 되었습니다. 그저 음악을
마음가을 갖고서 음악을 즐기는 건 다르다는
돌보는 시간이 필요했다는 것을요. 그런 ㅈ
을 내밀게 만들어준 책에게 감사를 드리고

'자기만의 방 마을'은 가상의 작은 마을입니다. :)
자방의 책을 선택한 여러분은 이 마을의 주민이 되었습니다. 마을에는 일곱 채의 주요 건물이 있습니다.

지난주 주요 사건 생각나는 대로 적어보기

지난주에 한 일 컬러로 그리기

지난주의 시간을 루틴지 위에 복원하는 작업은 나의 내면으로 깊숙하게 들어가는 작업이기도 합니다. 이번 스텝은 20분의 시간을 정해두고 그리는 것을 추천합니다. 그 시간 동안 온전히 나에게 집중해보세요. 시간 제한이 없으면 루틴을 그리는 시간이 무한대로 늘어나거나, 완벽하게 다 채우려는 마음 때문에 정작 중요한 것에 집중할 수 없게 되는 경우가 종종 있거든요. 오른쪽에 준비된 루틴지를 예시로 그리는 방법을 소개하겠습니다.

내가 무엇을 좋아하는지, 무엇을 하며 힘들었는지, 온통 나에게 관심을 쏟아주는 시간을 만들어보세요. 완성된 일주일의 루틴지는 그 누구도 그려낼 수 없는 나만의 것이 될 거에요.

나의 일주일에 이름을 붙여주세요.

DATE 6/12 ~ 6/18

LIST

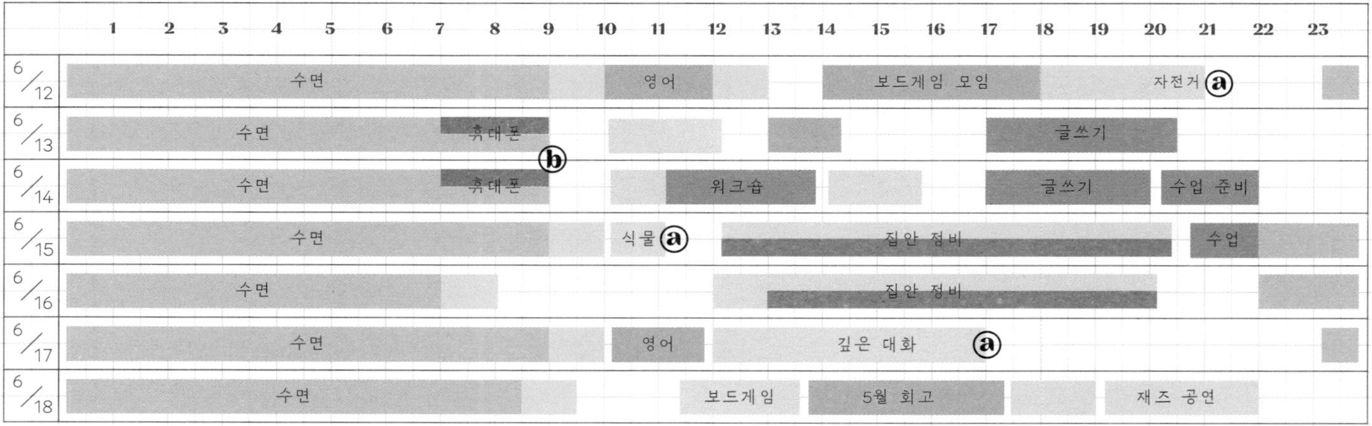

마음에 드는 컬러를 선택해보세요

내가 한 활동에 컬러를 입혀줄 거예요. 앞의 예시 루틴지에서 수면은 보라색, 식사는 노란색, 업무는 파란색, 휴식은 민트색으로 그려져 있습니다. 이처럼 내가 한 활동에 컬러를 지정하는 작업이에요. 어떤 컬러를 선택하느냐는 온전히 내 마음대로입니다. 컬러를 정했다면 가장 먼저 떠오른 시간부터 그려보세요.

여러 활동이 하나의 컬러로 묶이기도 해요

비슷한 특징을 가진 활동들을 같은 컬러로 묶을 수도 있습니다. 비슷한 활동들이 하나의 카테고리가 되는 거죠. 예를 들어 '자전거 타기', '식물 돌보기', '깊은 대화' 등은 '휴식'이라는 공통된 기능을 하니 같은 색으로(→ 87쪽 ⓐ), '영어', '보드게임 모임'은 '영감을 얻는 시간' 역할을 하니 역시 하나의 색으로 묶을 수 있을 거예요.

블록 위에 이름을 써주세요

컬러로 그린 블록 위에 어떤 활동을 했는지 이름을 적어두면, 내가 어떤 시간을 보냈는지 더 정확하게 볼 수 있어요. 모든 항목에 이름을 붙일 필요는 없습니다. 하나의 컬러로 묶인 여러 개의 활동을 이름을 붙여 구분해도 좋고, 똑같은 활동이라도 그 안의 세세한 변화를 써두어도 좋아요.

여러 컬러가 공존하는 시간도 존재해요

하나의 시간을 꼭 하나의 컬러로만 표현할 필요는 없어요. '자다 깨서 휴대폰을 보느라 찌뿌둥한 시간'을 보라색(수면 시간)과 회색(찜찜한 마음이 들었던 시간)이 공존하는 시간으로 표시해봤어요. (→ 87쪽 ⓑ) '휴식하면서도 영감을 얻었던 시간', '모임에 참석했지만 에너지가 소진되었던 시간'처럼 강렬한 감정들이 공존하는 시간들이 여러분의 일상에도 아주 많을 거예요.

두 가지 일을 동시에 실행한 시간을 두 가지의 컬러로 표현할 수도 있어요. '육아를 하면서 집안일을 해야 했던 시간', '노래를 들으며 운전했던 시간'처럼요. 두 가지 일을 동시에 했던 모든 시간을 기록할 필요는 없지만, 기록할 필요가 있겠다는 생각이 든다면, 나만의 방식으로 여러 컬러를 사용해 그려볼 수 있습니다.

지난주에 어떤 일을 했는지 정확히 기억하는 게 어렵다면

뭘 했는지 생각이 나지 않는다면 과감히 비워두는 칸을 만들어보세요. 비워둔 시간에도 의미가 있습니다. 그 시간에 한 일이 나에게 덜 중요한 일, 혹은 잊고 싶었던 기억일 수도 있거든요. 기억해야 할 것이 너무 많은 힘든 한 주를 보냈다는 뜻일 수도 있겠죠. 누구에게나 그런 시간이 있잖아요.

억지로 블록을 채우기보다는 〔기억나지 않는 시간〕으로 따로 분류하는 것을 추천해요. 그런 시기를 살고 있는 나를 발견했다는 것만으로 자기 돌봄의 좋은 시작이거든요.

기억나지 않는 시간이 유독 많았던 한 주를 찬찬히 회고해보세요. 지난 한 주 동안 나에게 어떤 일들이 일어났나요? 나는 어떤 감정으로 한 주를 보냈나요? 지금의 나를 기꺼이 도와주고 싶은 마음이 생기나요? 다그치는 마음 없이 지금 내가 원하는 일 하나를 기꺼이 해주는 것부터 시작해보아도 좋아요. 내가 나를 보고 있다는 감각만 유지되고 있다면, 지금 어떤 일을 해주어도 좋습니다. 원하는 만큼 시작해보세요.

자, 이제 루틴지 위에 지난주에 내가 한 일을 그려볼까요?

DATE

나의 일주일에 이름을 붙여주세요.

LIST

	1	2	3	4	5	6	7	8	9	10	11	12	13	14	15	16	17	18	19	20	21	22	23
/																							
/																							
/																							
/																							
/																							
/																							
/																							

STEP 03

여섯 가지 카테고리 완성하기

"일상의 우선순위는 무엇인가요?"라는 질문을 받으면 선뜻 대답하기가 쉽지 않을 거예요. 라이프컬러링으로 일주일 동안 있었던 일을 그리다 보면 내가 중요하게 생각하는 것, 시간을 이미 많이 할애하고 있는 것, 더 많은 시간을 쓰고 싶은 것들이 자연스럽게 카테고리로 묶이게 돼요.

이번 스텝에서는 나의 일주일 루틴을 여섯 개의 카테고리로 축약하는 작업을 해보려고 합니다. 물론 여섯 개보다 더 많거나 적어도 됩니다. 중요한 것은 개수보다 내가 나의 삶에서 주요한 카테고리로 꼽는 영역들을 스스로 확인해보는 경험입니다. 지난주의 나, 무엇에 집중하며 살았나요?

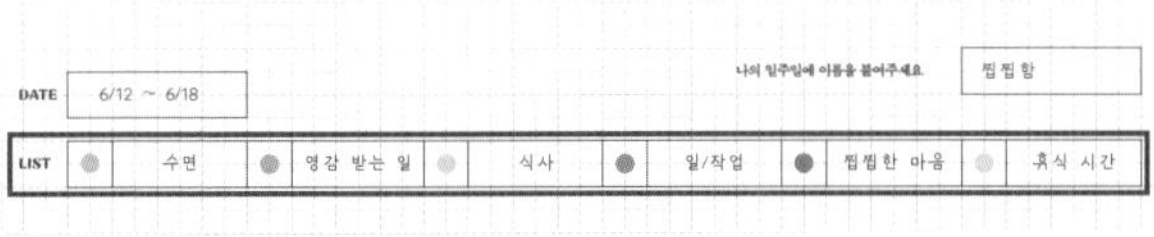

※103쪽 참고

미리 정하지 않아도 돼요

여섯 가지의 카테고리를 루틴을 그리기 전에 전부 정할 필요는 없습니다. 미리 정하려고 하면, 오히려 루틴을 그리는 시간이 너무 길어질 수 있어요. 여섯 가지 항목을 단번에 생각해내는 것이 쉽지 않거든요.

떠오르는 활동을 요일과 시간에 맞추어 먼저 컬러로 칠해보세요. 그다음 전체적인 윤곽이 보이면 그때 카테고리를 확정하고, 이름을 붙이는 것을 추천합니다.

매주 변하는 일상을 감지해보세요

카테고리가 매번 여섯 개로 정리되지는 않을 거예요. 카테고리가 더 단조로운 시기도, 더 다양한 시기도 찾아오죠. 라이프컬러링을 매주 그리다 보면 나의 일상이 비슷한 패턴 속에서도 계속 변하고 있다는 사실을 알게 됩니다. 카테고리 이름에 변화가 생기는 것을 느끼면서요.

예를 들어 단순히 활동 이름으로 정한 〔업무〕, 〔독서〕, 〔운동〕과 같은 카테고리에서 〔기분이 좋아지는 시간〕, 〔나를 충전하는 시간〕 등 나만의 이름이나 감정에 맞춘 카테고리가 생기기도 합니다. 일상에 존재하는 나의 변화와 감정들을 조금 더 세밀하게 관찰하고 발견할 때 카테고리 이름에 더 많은 변주가 가능해요. 그렇다고 해서 처음부터 나만의 이름을 정할 필요는 없어요. 꾸준히 나를 돌아보고, 질문하는 연습을 하다 보면, 나를 조금 더 또렷하게 바라보고 해석하는 시도가 가능해질 거예요.

일상의 우선순위를 바라보세요

카테고리는 내 일상의 우선순위를 나타내는 지표 역할을 해줍니다. 식사를 중요하게 생각하는 사람은 〔식사〕 카테고리가 존재할 것이고, 가족과의 시간이 중요한 사람은 〔가족〕이라는 카테고리가 있을 거예요. 카테고리 이름이 사람이나 반려동물의 이름일 때도 있고, 특정 게임의 이름이나 장소일 수도 있습니다.

이렇게 내 일상을 나눈 여섯 개의 카테고리는 내 일상의 우선순위를 여과 없이 보여줍니다. 각 카테고리를 설명하다 보면 자연스럽게 내가 중요하게 생각하는 것들을 상기하게 됩니다.

나의 카테고리 이름에 변화가 생길지 의문이 든다면

"제 카테고리 이름에도 변화가 생길까요? 제가 하는 일들은 늘 비슷하거든요." 이런 질문을 자주 들어요. 하지만 나에게 일어난 일들을 다정하고 세심하게 관찰하다 보면, 그 일들을 새롭게 정의하고 싶은 순간이 분명 찾아올 거예요. 카테고리는 나에게 새로운 일들이 얼마나 더 많이 일어나는지를 평가하는 척도가 아니거든요.

라이프컬러링 워크숍에서 〔불편한 마음〕이라는 카테고리를 사용한 루틴지를 본 적이 있어요. 가족과 있을 때, 혹은 의무적인 통화를 해야 할 때 느꼈던 불편한 마음을 놓치지 않고, 그 시간을 〔불편한 마음〕 카테고리로 넣으셨죠. 저는 이 카테고리가 참 신선했어요. '감정'에 맞춘 분류를 했다는 것은 그 감정을 놓치지 않고 기록해보려는 시도이니까요.
〔무의미한 휴식〕과 〔충전〕 카테고리도 기억에 남아요. 각각을 회색과 분홍색으로 칠했던 것이 인상적이었어요. 〔무의미한 휴식〕 시간에는 무엇을 하셨는지 물으니 "주로 휴대폰을 본 시간이에요. 쉰 것도 아니고, 쉬지 않은 것도 아닌 시간이었죠"라고 이야기하셨어요. 나를 위한 휴식과 그렇지 않은 시간을 구분하는 시도가 좋았어요. 이렇게 관점을 새롭게 하면, 얼마든지 카테고리를 확장할 수 있다고 생각해요.

이제 91쪽 지난주 루틴지로 돌아가 카테고리를 완성해보세요.

STEP 04

나를 알 수 있는 힌트 발견하기

이제 다 그린 지난주 라이프컬러링 루틴지를 내려놓고 가만히 바라보세요. 일상에서 어떤 기분을 느끼면서 일하고 휴식하는지 자세히 들여다볼 기회가 생각보다 없잖아요. 흘러가는 시간 속에 있을 때는 몰랐던 것들이, 한 발짝 떨어져 바라볼 때는 보이기도 하거든요. 높은 곳에 올라가 내 시간을 새로운 각도로 바라본다는 마음으로 일주일을 들여다보세요. 나에 대한 새로운 힌트가 보일 거예요.

나에게 던져보면 좋을 질문 리스트

루틴지를 바라보며 나에게 던지면 좋을 질문들을 소개합니다. 질문에 답하다 보면 나에 대해서 조금 더 깊이 알아볼 수 있을 거예요.

〔'가장 좋았던 일과 감정'에 대한 질문〕

Q. 지난주에 가장 휴식이라고 느껴졌던 시간은 언제지? 어떤 요일의 무슨 활동이었나?

Q. 지난주에 가장 좋았던 순간은 언제지? 그때의 감정은 어땠지?

〔'기분 좋은 순간의 조건'에 대한 질문〕

Q. 가장 기분이 좋았던 순간에 나는 누구와 함께였나? 혼자였나? 나는 사람들에게 영향을 많이 받나? 어디에 있었나? 어느 시간대였나?

Q. 기분 좋은 순간에 나는 어떤 감각을 느끼고 있었나? 고요했나? 짜릿한 기분 전환을 할 때였나? 몸을 움직였을 때였나? 가만히 쉴 때였나?

〔'아쉬운 순간들과 이유'에 대한 질문〕

Q. 지난주에 가장 아쉬웠던 순간은 언제지? 왜 아쉽다고 느껴졌나? 가장 아쉬웠던 순간에 영향을 준 것은 무엇이지?

Q. 힘들거나 불안해지면 나는 어떤 행동을 하나? 피하거나 숨나? 물건을 사나? 콘텐츠를 소비하나? 말이 많아지나?

Q. 내가 유독 힘들어하는 시간은 언제일까? 그 시간에 대한 나의 감정은 어떨까? 다음주에 그런 순간이 또 찾아온다면 나는 나에게 무슨 말을 해주고 싶나? 그럴 때 나에게 가장 와닿는 말이나 도움을 주는 사람이 있었나?

'내가 좋아하는 시간'의 조건을 찾아보세요

'일주일 중 가장 좋았던 시간'을 꼽아보세요. 그 활동의 특성, 그 시간이 좋았던 이유에 집중해봅니다. 만약 〔아침에 혼자 커피를 마시는 짧은 시간〕을 좋아한다면, '아침의 여유를 즐기는 나', '맛과 향에 민감한 나', '짬짬이 하는 휴식이 중요한 나', '혼자 있는 시간이 필요한 나'와 같이 다양한 내가 존재한다는 것을 알 수 있어요. '내가 좋아하는 시간'의 조건인 셈이죠. 이 조건들은 나만의 휴식 리스트를 만드는 좋은 재료가 되기도 합니다. (→ 71쪽 '나만의 휴식 리스트 만드는 방법' 참고)

이 조건들을 가지고 새로운 시도를 할 수도 있어요. 아침 시간에 안정감을 느끼니 '아침마다 좋아하는 노래 두 곡 듣기'를 해볼 수도 있고요. 일상에서 즐기는 짧은 휴식을 좋아하니 '오후에 나를 위한 간식 타임 갖기' 같은 일을 시도해볼 수도 있겠죠. 수집한 조건으로 새로이 시도하는 일들을 리스트로 만들어보세요. 나에 대한 새로운 실험을 해본다는 마음으로요.

아쉽거나 힘들다고 느낀 일을 발견한 다음에는

유독 마음속에 아쉬움이 남는다거나, 소진되는 시간이 있었다면 그것도 나를 알 수 있는 힌트가 되어주어요. 눈이 침침해질 때까지 유튜브 영상을 본 날, 속이 불편할 때까지 야식을 많이 먹은 날, 공부하려고 마음먹었다가 모바일 쇼핑만 했던 날들이 있다고 해볼까요.

이럴 때는 내가 그 시간을 어떻게 바라보고 있는지 그 온도가 중요해요. 혼내거나 다그치는 마음으로만 바라보고 있는지, 힘든 내 모습을 알아차리는 좋은 힌트를 발견했다는 태도의 마음인지요. 아쉬운 시간이 내 일상에 있었다는 사실보다. '그럴 만한 이유가 있지 않았을까?'를 물어봐주는 일이 더 중요합니다. 괴로운 일, 속상한 일이 있었는데 내가 외면하고 있었던 건 아니었는지 물어봐주는 거죠. 만약 이렇게 물어서 발견한 이유가 체력이 고갈된 몸 상태라면 무언가를 해도 내가 쉽게 소진되고, 좀처럼 마음먹은 일을 해낼 수 없는 게 당연해요.

당장 이유를 발견하기 힘들다고 해도 괜찮습니다. 중요한 건 찾아보고 싶다는 마음이에요. 한 주의 라이프컬러링으로 찾아낼 수 없다면, 다음주, 또 그 다음주까지 나를 다정하게 관찰하며 기다려주세요.

STEP 05

한 단어로 나의 일주일 정리해보기

이제 나의 시간을 가만히 들여다봅니다. 나의 매일은 어땠는지, 어떤 시간으로 차 있었는지, 나의 일주일에서 중요한 것이 무엇이었는지를 정리해보는 시간을 가질 거예요. 머릿속에 스쳐가는 많은 단어들 중, 나의 일주일을 잘 표현해줄 수 있는 단어 하나를 골라봅니다. 그리고 그 단어를 적으며 한 주를 마감하는 연습을 해봅니다.

나의 일주일에 이름을 붙여주세요

나의 한 주에 제목을 붙여준다는 마음으로 단어를 골라봅니다. '건강한 식사를 하려고 노력한 일주일이었구나', '다 그려놓고 보니 제대로 된 휴식이라고 부를 수 있는 시간이 정말 없었구나', '일주일에 단 한 시간이었지만, 산책하는 시간에 마음이 참 편안했었구나' 이런 식으로 지금까지 발견한 힌트들을 사용해 일주일의 이름을 정해보는 거예요. 한 주의 이름을 정한 특별한 이유가 있다면, 그때 떠오르는 감정들을 글로 남겨보아도 좋습니다.

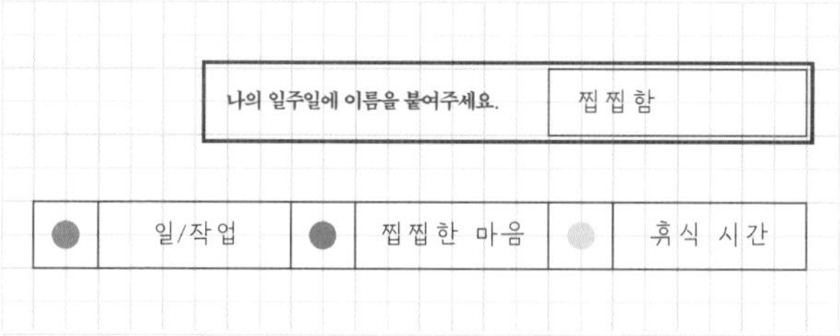

일주일의 이름들을 아카이브하세요

라이프컬러링을 매주 하다 보면, 일주일의 이름들도 쌓이겠죠. 시간이 지난 뒤 이 이름들만 쭉 나열해봐도 내 일상의 어떻게 변하고 있는지 느낄 수 있을 거예요.

이 단어들을 모아 한 달을 회고해보아도 좋고, 분기를 회고해보아도 좋습니다. 그동안 내가 일상에서 무엇에 집중하며 살았는지 그 흐름이 보일 거예요. 내 일상을 이야기해주는 단어들을 모아 나를 새롭게 관찰하고 발견하는 시간을 가져보세요.

이제 91쪽 지난주 루틴지로 돌아가 일주일에 이름을 붙여주세요.

STEP 06

다음주 라이프컬러링 하기

이제 다음주 라이프컬러링을 해볼 차례입니다. 다음주를 그려보는 것은 내가 살아내고 싶은 일상을 계획하고, 결정해보는 작업이에요. 나다울 수 있는 시간들을 일상 속에 기꺼이 허락하고, 배치하는 경험인 거죠.

너무 힘들어서 도저히 아무것도 해낼 수 없었던 일주일에 다독임을 선물해주세요. 수고한 나에게 기꺼이 여유를 허락해주세요. 그 따뜻한 허락이 내 일상에 변화를 만들어줄 거예요. 그 시간이 일주일에 딱 30분일지라도요.

다음 페이지에 제가 그린 '다음주 루틴지'가 있습니다. 이 루틴지를 통해 다음주를 어떻게 라이프컬러링 할 수 있는지 소개하겠습니다. 나를 따뜻하게 안아주는 마음으로 나에게 집중해보세요.

DATE 6/19 ~ 6/25

나의 일주일에 이름을 붙여주세요. 나를 위한 기분 전환

LIST 수면 · 영감 받는 일 · 식사 · 기분 전환 · 정적인 휴식 · 일/미팅

1 2 3 4 5 6 7 8 9 10 11 12 13 14 15 16 17 18 19 20 21 22 23

6/19 수면 · 영어 · 보드게임 모임

6/20 수면 · 식물 · 미팅 · 글쓰기 · TV · 자전거 타기

6/21 수면 · 워크숍 · 글쓰기

6/22 수면 · 자전거 타기 ⓒ · 비워두기(그날 하고싶은 것 하기) ⓑ

6/23 수면 · 워크숍 · 제철 재료 요리 ⓐ

6/24 수면 · 영어 · 미팅 · 온라인 미팅

6/25 수면 · 전시회 · 온라인 영화제 · 휴대폰 free

새로운 마음으로 다음주를 그려보세요

지난주 루틴을 그린 것과 같은 방법으로 다음주를 그려보세요. 지난주를 라이프컬러링 할 때보다 다음주 계획을 라이프컬러링 할 때 훨씬 속도가 붙고, 쉽게 그려지는 것을 느끼실 거예요. 이미 정해져 있는 일정이나 약속을 먼저 그려보고, 나머지 시간은 내가 편성하고 배분하며 새롭게 시간을 계획해보세요. 지난주를 그렸을 때 수집한 힌트들을 참고해 다음주를 계획해보는 것도 좋은 방법입니다.

공들이고픈 한 가지 활동 정하기

완전히 새로운 루틴이나 커다란 변화를 한번에 넣어주겠다는 마음을 살짝 내려놓아보세요. 내 에너지를 감지하고, 에너지가 허락하는 선에서 할 수 있는 것들을 떠올리는 거예요. 새롭고 다채로운 일들이 꽉 채워져 있는 한 주가 아닌 공들이고픈 한 가지 일이라도 실행해줄 수 있는 다음주를 계획해보세요.

공들여서 하고 싶은 활동을 정했다면, 그 활동 위에는 하트(♥)나 별(★) 표시를 해두거나 좋아하는 스티커를 붙여두는 것도 좋습니다. (→ 103쪽 ⓐ) 나를 위해 정성을 들이고 싶은 일 한 가지를 정하고 그것을 해주겠다고 마음먹은 스스로의 다정함에 집중하세요. 실행의 유무보다 더 중요한 것은 내 안의 다정함을 발견하는 것이니까요.

무계획의 시간도 만들어보세요

컬러를 칠하지 않고 비워놓은 구획을 만드는 것도 재미있는 시도랍니다. (→ 103쪽 ⓑ) 다음주 계획을 꼭 모두 채울 필요는 없어요. 정해진 약속, 이미 세워진 계획 이외의 시간은 스스로 채우고 그려가는 것이니까요. 감각을 열어 내 마음의 소리를 듣고, 그때의 내가 원하는 것을 해주겠다고 다짐해보는 거예요. 그 시간의 주인이 온전히 나라고 생각하며, 나를 위한 무계획의 시간을 즐겨보세요.

카테고리에 새로운 이름을 붙여주세요

다음주 라이프컬러링을 그리다 보면 새로운 시간 구획과 카테고리가 생길 수도 있을 거예요. 예를 들면, '자전거 타기' 활동이 〔휴식 시간〕에 포함되어 있다가, '기분 전환'을 위해 이 활동을 시도한다는 마음이 생겼다면 〔기분 전환〕이라는 새로운 카테고리에 소속될 수 있겠죠. (→ 103쪽 ⓒ)
같은 '자전거 타기' 활동이라도 내가 어떤 의미를 부여하고, 어떤 이름을 붙여 시도하느냐에 따라 그 시간의 느낌이 달라질 수 있습니다. 〔건강을 위해 꼭 확보하고 싶은 시간〕으로 이름 붙일 수도 있고, 〔고민을 내려놓는 시간〕이라는 이름으로 불러줄 수도 있겠지요. 나에게 어떤 시간이 필요하고, 또 어떤 시간을 만들어주고 싶은지에 따라 나의 시간을 새롭게 재해석하는 연습을 함께해봐요.

나의 일주일에 이름을 붙여주세요.

DATE

LIST

	1	2	3	4	5	6	7	8	9	10	11	12	13	14	15	16	17	18	19	20	21	22	23
/																							
/																							
/																							
/																							
/																							
/																							
/																							

나의 일주일에 더 깊게 들어가는 질문 세트

라이프컬러링은 나의 시간에 대해 말해주는 다정한 도구입니다. 지난주와 다음주 루틴을 그리고 난 후 한 발짝 물러나 나의 시간을 가만히 바라보세요. 떠오르는 감정들을 느껴보고, 궁금한 부분이 있다면 스스로 질문하고 답하는 대화의 시간을 가져봐도 좋습니다.

나의 일상을 더 깊게 들여다볼 수 있는, 말하자면 나의 내면으로 조금 더 들어갈 수 있는 질문 목록과 함께하면 더 좋습니다. 다섯 개의 질문을 준비했습니다. 다음 페이지에는 제가 그린 '지난주 루틴지'가 있는데요. 이 루틴지에 준비한 다섯 가지 질문을 적용해볼게요. 여러분은 91쪽에서 그린 지난주 루틴지를 보고 질문을 던지며 일주일과 대화해보세요.

나의 일주일에 이름을 붙여주세요. 찝찝함

DATE 6/12 ~ 6/18

LIST					
수면	영감 받는 일	식사	일/작업	찝찝한 마음	휴식

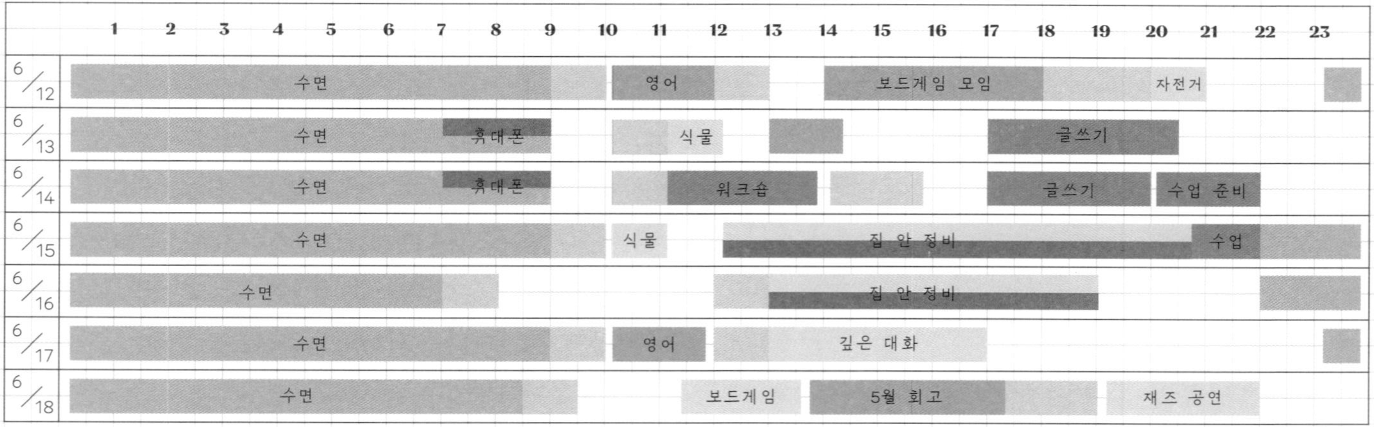

Q1. 나의 '휴식 블록'은 몇 개일까?

'휴식 블록'을 센다는 것은, 내 일상에서 휴식의 비중이 얼마나 되는지 알아보겠다는 뜻이에요. 라이프컬러링 루틴지에서 일주일은 총 168개의 블록(24시간×7일)으로 구성되어 있습니다. 왼쪽에 있는 루틴지에서 휴식 블록을 세어보겠습니다. 총 168개의 블록 중 27개가 휴식 블록입니다. 일주일 전체의 시간 중 약 16%를 차지한다고 볼 수 있네요. 지난주 루틴지를 보며 세어보세요.

나의 휴식 블록은 몇 개인가요?
전체 블록 중 몇 %를 차지하고 있나요?
아래에 적어보세요.

휴식 블록 ____________ 개 / 168개

전체 블록 중 __________ %

꼭 '휴식'이라는 이름의 카테고리에 포함된 활동이 아니어도 좋습니다. 내가 휴식했다고 느꼈던 활동을 꼽아 그 시간도 휴식 블록 개수에 포함시켜보세요.

Q 2. 각 휴식 블록들이 어떤 기능과 역할을 했을까?

〔휴식〕 카테고리에 넣은 활동들을 하나하나 들여다볼게요. 108쪽의 루틴지를 보면 '자전거 타기'와 '보드게임', '재즈 공연 감상'을 한 시간을 합치면 총 일곱 개의 블록인데요. 이 시간은 순수하게 몰입하는 즐거움이 있었고요. '식물 돌보기'는 두 개 블록인데, 좀처럼 가만히 있는 시간이 별로 없는 저에게 고요함에서 오는 기쁨을 주었어요.

또 하나의 휴식인 '집 안 정비'는 총 열네 개의 블록이었고요. 이때는 찝찝한 마음이 좀 섞여 있었어요. 고민이 있었는데 잠시 잊고 싶어서 갑자기 집 안 곳곳에 페인트칠을 시작했거든요. 마음이 완전히 쉬고 있지는 않았던 것 같아요. '깊은 대화'는 감정을 해소하는 역할을 하는 시간이었어요. 저에게 있어 '산책' 활동은 혼자서 고민을 털어내는 기능을 한다면, '깊은 대화' 활동은 해소되지 않은 감정을 말로 뱉으며 마음을 정돈해주는 기능을 한다는 것을 깨달았습니다.

두 번째 질문 '각 휴식 블록들이 어떤 기능과 역할을 했을까?'에 대한 저의 대답을 다음 페이지에 예시로 적어두었어요. 참고하여 여러분의 휴식 시간도 들여다보세요.

나의 지난주 루틴지에서 휴식 블록을 살펴보며,

아래에 그 시간의 역할과 의미를 적어보세요

1. ________________ : ______________________________
2. ________________ : ______________________________
3. ________________ : ______________________________
4. ________________ : ______________________________
5. ________________ : ______________________________
6. ________________ : ______________________________

ex.

1. 식물 돌보기 : 충전하는 시간, 고요하게 멈추는 시간
2. 자전거 타기 : 생각을 멈추고 몸에 집중하는 시간, 스트레스 해소 시간
3. 집 안 정비 : 휴식과 찝찝한 마음이 공존한 시간 (→ 그 시간을 보낼 때는 휴식이라고 생각했는데, 근심이 있었기에 제대로 쉰 것인지 의심되는 시간)
4. 깊은 대화 : 생각을 정리하고 마음을 나누는 시간, 감정이 해소되는 시간
5. 보드게임 : 재미라는 욕구가 충족되는 시간
6. 재즈 공연 : 음악으로 귀가 즐거운 시간, 좋은 사람들과 즐거운 분위기에 있었다는 충만감을 느낀 시간

Q 3. 지난주에 가장 충만했던 휴식 시간은 언제였을까요? 나에게 가장 필요했던 감각은 무엇이었을까요?

저는 6월 12일, 자전거를 탄 휴식 시간에 충만함을 느꼈어요. 잠깐 머리가 비워지는 느낌이 들었고, 근심이 작아지는 느낌이 좋았어요. 내려놓는 시간이 필요했던 것 같아요. 머리를 써서 무언가를 해내거나, 감정을 사용해 마음이 깊어지는 시간보다 몸의 움직임에만 집중할 수 있는 단순한 시간이 더 필요했는지도 모르겠어요.

에너지가 허락한다면, 자전거 타는 시간을 더 많이 확보해주고 싶어요. 그리고 자전거를 탈 때의 감각을 더 세밀하게 느끼고 싶어요. '내가 자유롭다고 느끼는 순간의 소중함, 바람이 얼굴을 스칠 때의 기분 좋음, 코너를 돌아 뜻밖의 귀여운 골목을 만났을 때의 짜릿함, 자전거를 타고 돌아와서 느끼는 뿌듯함' 같은 감각들 말이에요.

만약 자전거를 탈 에너지가 없는 날이라면, 잠깐의 걷기로 대신할 수도 있을 것 같아요. '자유로움을 느끼는 시간', '기분 좋은 바람'을 걸으면서도 느낄 수 있겠죠. 소소한 짜릿함과 뿌듯함을 느낄 수 있는 다른 시간들도 찾아봐야겠어요. 여러분이 지난 한 주 간 가장 충만하다고 느낀 시간은 언제인가요?

루틴지를 보고,

지난주에 가장 충만했던 휴식 시간을 떠올리며 답해보세요

1. 지난주에 가장 충만했던 휴식 시간은 언제인가요?

〔 〕요일 〔 〕시 ~ 〔 〕시 〔 ____________ 〕활동

2. 그때 나의 마음은 어땠나요?

____

____

____

3. 나에게 필요했던 감각은 무엇일까요?

____

____

____

4. 그 감각을 느낄 수 있는 다른 활동으로 무엇이 있을까요?

____

____

____

Q 4. 지난주에 유독 마음이 힘들었던 시간은 언제였나요?

저는 의미 없이 휴대폰을 보는 시간이 제일 찝찝했고 피곤했어요. 재밌게 즐겼다기보다는 무거운 마음으로 휴대폰을 본 것 같아요. '에휴, 내가 이 시간에 뭐 하고 있나. 또 시간 죽이고 있네' 하는 마음으로요. 그러다 보니 그 시간이 지나고 나서도 기분이 계속 안 좋았고, 에너지가 고갈되는 느낌이 들었어요.

그런데 한편으로 '마음이 에너지가 부족할 때는 이것밖에는 할 수 없구나' 하는 생각도 듭니다. 가만히 있는 것도 불안하고, 그렇다고 새로운 일을 해낼 힘은 없으니 그냥 제일 쉬운 걸 나에게 해줬다는 생각도 들고요. 어떻게 보면 자연스러운 일이 아닌가 싶어요.

나에게 질문을 던져주고 싶어요. '이럴 때 나는 나를 어떻게 도울 수 있을까?' 그리고 이렇게 답하고 싶어요.

'마음이 무거워 다른 일을 할 수 없었다는 것을 인정하고 싶어. 일주일 동안 정신이 하나도 없었으니까. 잠깐 다른 생각을 할 도피처가 필요했을지도 몰라. 그게 나에게 숨통을 틔워줬다면 옳은 일이었겠지. 그래도 기분이 조금 나아지면 다른 방법으로도 나를 도와주고 싶어. 가볍게 산책을 나가거나

맛있는 한 끼를 만들어볼 수도 있을거야. 어쨌든 지금은 다 그치지 않고 나를 조금 더 기다려주고 싶어.'

이제 여러분의 차례입니다.
가만히 나에게 물어봐주세요. 마음이 힘든 시간과 그 시간의 앞뒤에 어떤 일이 있었는지, 그 시간을 그렇게 보낼 수밖에 없었던 이유가 있지는 않았는지를요.

힘들었던 시간을 떠올리고, 다정하게 나의 마음을 살펴보며

나에게 질문하고 답해보세요

1. 유독 마음이 힘들었던 시간은?

〔 〕요일 〔 〕시 ~ 〔 〕시 〔 ____________ 〕활동

2. 그때 나의 마음은 어땠나요?

____

____

____

3. 나에게 필요했던 감각은 무엇인가요?

____

____

____

4. 그 감각을 느낄 수 있는 활동은 무엇일까요?

____

____

____

Q 5. 라이프컬러링을 하며 지난주의 나와 다음주의 나를 동시에 살펴보세요. 요즘 나에게 가장 중요한 것은 무엇인가요?

저의 경우, 지난주 이름이 '찝찝함'이었어요. 한 주 간 저에게 가장 압도적인 감정이었기 때문이죠. 힘든 일이 있을 때면 휴대폰을 보면서 누워 있는 시간이 길어지거나, 과하게 집안일을 하며 몸을 쓰는 극단적인 패턴이 있다는 것이 지난 일주일을 그리면서 다시 한번 떠올랐어요. 감정을 털어내는 '깊은 대화' 시간이 제게 큰 도움이 되었다는 것도 새로운 발견이었고요.

다음주에 '나를 위한 기분 전환'이라는 이름을 붙였어요. '깊은 대화'처럼 기분 전환에 도움이 되는 일들을 더 알아보고 싶어졌어요. 그래서 다음주는 자전거를 타는 시간과 제철 식재료를 사용해 요리하는 시간을 넣었어요. 그런 시간이 기분에 어떤 영향을 주는지 살펴보면서 나를 위한 시간으로 사용해보고 싶어요.

돌이켜보면 저는 감정 기복이 있는 시기를 보낸 것 같아요. 이런 시기가 길어지면 잘하던 업무도 막히고, 평소에는 안 하던 엉뚱한 일을 하는 패턴이 생겨요. 몇 주간은 이런 나를 더 다정하게 관찰하면서, 나를 도울 수 있는 일들을 하고 싶어요. 기분 전환에 대한 실험을 한다는 마음으로요.

지난주와 다음주의 나를 떠올리며 답해보세요

1. 루틴지에 쓴 지난주와 다음주 이름을 살펴보고, 내가 어떤 변화를 만들고 싶어하는지 감지해보세요.

지난주 이름: ____________________

다음주 이름: ____________________

지난주와 다음주, 일주일의 이름을 정할 때 가장 중요한 요소는 무엇이었나요?

____

____

____

2. 요즘 나에게 가장 중요한 것은 무엇인가요? 내가 가장 집중하는 일이 있나요? 가장 압도적인 생각이나 감정은 무엇인가요?

____

____

____

완벽한 하루에 대한 환상

완벽한 하루를 보내고 싶다는 욕망이 있었습니다.

아침에 눈을 떴는데 컨디션이 최고였고, 커피가 어우러진 산뜻한 아침 식사를 했으며, 창문을 열고 청소기를 돌리는데 미세먼지가 없고 기분 좋은 시작이라는 느낌이 드는 하루. 미뤄뒀던 일을 말끔하게 처리하고 테라스에 앉아 햇볕을 쬐며 점심 식사를 했고, 느긋하게 음악을 들으며 수업을 들으러 가는 하루. 몰랐던 세계가 열리는 느낌을 선사하는 수업을 듣고 집으로 돌아가는 길, 원하던 일이 계약되었다고 연락이 '띠링' 오는 하루. 현관 앞에 놓인, 기다리던 택배를 수집하고 씻고 나와 간단한 저녁을 먹으며 경건하게 택배를 개봉하는 하루. 집안은 티 없이 깨끗하고, 온도와 습도가 훌륭하게 유지되고 있는 나의 공간을 느끼며 별걱정 없이 잠드는 하루….

적당히 바쁘고, 적당히 느긋한 그런 이상적인 일상이 나에게 오기를 늘 기다렸어요. 일과 일상의 균형이 조화롭고, 내가 바라는 일들이 착착 이루어지는 그런 하루를요. 그렇지 않은 하루가 쌓여갈 때면 초조하고 조바심이 밀려왔어요.

라이프컬러링 워크숍에서 한 참가자와 '완벽한 하루'에 대한 이야기를 나눈 적이 있습니다. 그분은 새벽 다섯 시에 기상하여 운동과 독서로 시작하는 하루를 보내고 있었어요. 무엇을 더 넣고 뺄 것도 없는, 빈틈 없이 부지런하고 완벽한 루틴이었습니다.

그러다가 물샐틈없이 완벽해 보이는 루틴의 이면에 대한 이야기가 나왔습니다. '열심히 살고 있는데 왜 공허함이 밀려올까, 꽉 차 있는데도 왜 자꾸만 무엇을 더 채워 넣고 싶을까' 이런 마음이 드신다고요. 열심히 살고 있는데도 헛헛함이 밀려온다는 말, 휴식도 잘해야 하는 일처럼 압박이 느껴진다는 말에 공감이 갔습니다.

우리가 만들어가야 할 일상은 완벽해 보이는 하루가 아닐 거예요. 항상 새로운 일들이 촘촘하게 채워져 있는 일상도 아니고, 하기 싫은 일들을 무작정 덜어낸 일상도 아닐 겁니다. 우리 일상에서 정말 중요한 것은 내가 무엇을 원하는지 나 자신에게 들을 준비가 되어 있는 마음, 그 자체라는 생각이 들었어요. 그 마음으로부터 일상의 탐구가 시작되니까요.

그 탐구는 내가 궁금하다는 생각과 연결된 탐구일 거예요. 내가 바라는 것을 확실하게 알고 있다는 확신에서 벗어나 계속 나에게 호기심을 가지고 질문할 때 비로소 시작 가능한 탐구인 거죠. 저는 사람들에게서 그 호기심을 발견하는 순간을 사랑합니다. 자신에게 애정을 쏟아보겠다고 결심한 눈빛만큼 사랑스러운 것도 없으니까요. 처음 라이프컬러링을 하며 온전히 나에게 관심을 쏟았던 저의 행복이 떠오르기 때문인지도 모르겠습니다.

'나다운 하루하루를 살아가는 것'에 대해 생각합니다. 내가 원하는 것들을 더 섬세하게 알아차리고, 그 일들을 일상에 더 많이 허락하는 하루. 그런 하루하루가 컬러로 채워진 기록은 그 어떤 그림보다 아름답다고 느낍니다.

반대로 내가 원하는 것들을 일상에 넣어줄 수 없을 때, 어떤 온도로 나를 바라봐줄 것인가에 대해서도 생각합니다. 그저 부족했던 하루로 기억할 것인지, 힘들었던 나에게 위로를 건네줄 것인지는 오로지 자신의 선택에 달려 있을 거예요.

매주 내가 나를 돕고 있어요. 나를 궁금해하고, 때로 나를 기다려주면서요. 서툰 시작도, 반쪽짜리 시도도 환영입니다. 완벽할 필요는 없어요. 한번에 해낼 필요도 없고요. 나와 조금씩 친해지며 지금의 나를 바라봐주세요. 일주일을 라이프컬러링 하고 그 시간들과 대화하며, 완벽하지 않아도 괜찮은 다정한 일상 탐구를 시작해보세요.

LIFE
COLORING
LIFE
COLORING
LIFE
COLORING
LIFE
COLORING
LIFE
COLORING
LIFE
COLORING
LIFE
COLORING

4.

타인의 일상을 만나는 행운

타인의 일상을 만나는 행운

라이프컬러링을 통해 사람들을 만나고, 그들의 일상 이야기를 듣는 것이 저에게는 행운처럼 느껴졌어요. 타인이 보내는 하루를 이렇게까지 관심 가지고 본 적이 있었을까요. 분홍색으로 그린 '나와의 데이트' 시간을 이야기할 때 즐거워하는 사람의 얼굴, 어영부영 보낸 시간을 설명하는 난감한 얼굴… 그 얼굴들 모두가 그들이 자신에 대해 더 가까이 다가가는 순간 같아서 반가웠습니다.

자신의 시간을 솔직히 털어놓는 사람들. 궁금증을 지니고 그 시간들을 함께 바라보는 사람들. 워크숍 안에서 안전한 대화를 나누는 경험은 '나답게 살아도 된다'는 용기가 되어 돌아왔습니다. '잘했다', '못했다'를 떠나 '내가 좋아하는 시간을 발견하는 것' 자체를 목표로 두기 때문에 가능한 일이었어요. 타인에게 던지는 응원의 말이 다시 나에게 돌아오는 신기한 경험이 반복되었습니다.

그들의 일상 안에서 저의 조각을 찾기도 했습니다. 일상을 지켜내는 다정한 루틴들과 자신을 즐겁게 하는 휴식의 순간,

아쉬운 시간을 그대로 털어놓는 고백의 순간을 마주할 때마다 저에게도 늘 그런 시간이 찾아온다는 사실이 다시 한번 느껴졌습니다. 그래서 타인의 일상의 이야기들을 듣는 것 그 자체가 행운이라고 생각합니다.

그중에서도 특히 깊은 위로와 영감을 얻었던 예술가들의 루틴과 라이프컬러링 워크숍에서 만난 참가자, 즉 '라이프컬러러'들과의 대화 중 인상적이었던 장면들을 이제 여러분과 함께 나눠보겠습니다.

ARTIST INTERVIEW

예술가들은 어떤 하루를 보냈을까

예술가들의 하루 루틴이 정리된 차트를 발견하고, 위로를 받았던 날이 생각납니다. 종일 작업하는 사람, 영감이 오지 않는 날에는 과감히 작업을 포기했던 사람, 나를 지키는 작은 루틴으로 하루를 열었던 사람, 의무적인 하루 일과를 마치고 밤을 새워 글쓰기를 했던 사람….

그 차트를 보면 정해진 방식 없이, 자신만의 방식으로 일상을 보냈다는 것이 느껴졌어요. 모두에게 하루라는 시간은 공평하게 주어진다는 것, 그리고 그 시간을 사용하는 각자의 방식이 군더더기 없이 컬러만으로 표현된 것이 좋았습니다.

예술가들의 루틴을 라이프컬러링 루틴지에 표현해보고 싶다는 생각이 들었습니다. 아침에 일어나 제일 먼저 무엇을 하는지, 작업이 언제 제일 잘 풀리는지, 가장 활력을 주는 시간은 어느 때인지를 묻고 답하는 마음으로요.

메이슨 커리의 『리추얼』과 『예술하는 습관』을 읽고, 제가 좋아하는 세 명의 예술가를 추린 후 그들의 루틴과 일주일에 대해 대화를 나누는 상상을 했습니다. 그리고 각 예술가들의 라이프컬러링을 그려보았습니다.

"하루 종일 쓰는 글이 저를 버티게 해줘요"

첫 번째 예술가, 버지니아 울프

나 : 당신이 매일 글쓰기에 많은 시간을 보낸다는 이야기를 들었어요. 일주일을 어떻게 보내고, 또 어떻게 휴식하는지 궁금해요.

버지니아 울프 : 남편의 영향을 받아서 규칙적이고 질서정연한 하루를 보내요. 마음이 흔들리다가도, 매일 반복되는 글쓰기 루틴이 있다는 사실에 안심해요. 거의 매일 아침 열 시부터 밤 열 시까지 글을 써요. 글을 제대로 쓰지 못한 날이면 마음이 불편하죠. 글을 쓰지 않는 시간에는 걷기나 목욕을 해요. 걷기는 런던에서 생긴 취미에요. 걷다 보면 마음이 뻥뚫리고 시원해지는 느낌이 들어요. 하루 일과 중 목욕도 빼놓을 수 없는 시간이에요. 이런저런 생각들이 자유롭게 떠오르는 시간이거든요. 여기서 떠오른 엉뚱하고 재미있는 생각들이 창작에 도움이 돼요. 제 생활을 루틴지에 그린다면 잠자는 시간은 따로 카테고리에 넣지 않을 것 같아요. 깨어 있는 시간 동안 무엇을 하는지 정리하는 게 저에게는 더 중요한 일이니까요.

NAME Virginia Woolf **DATE** 1924. 10. 3 ~ 10. 9

NAME OF WEEK all day writing

LIST ● writing ● bath/walk ● reading ● meal ● work ● meeting

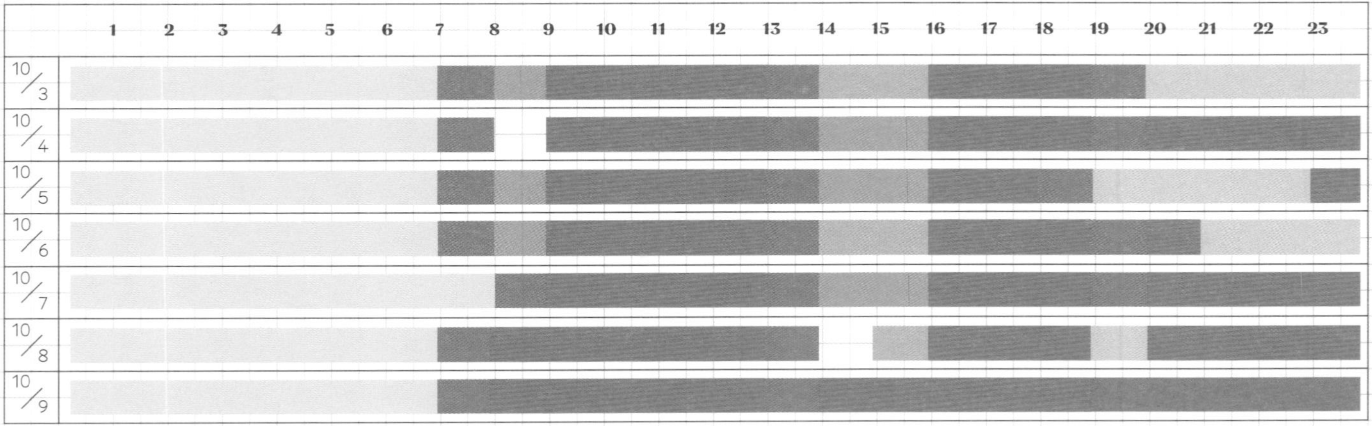

버지니아 울프의 일주일을 상상하고 라이프컬러링으로 복원하면서 가장 흥미로웠던 지점은 하루 열두 시간이라는 지독한 글쓰기 루틴과 산책과 목욕이라는 휴식 루틴이 공존한다는 점이었어요. 자신을 엄격한 루틴으로 통제하는 마음과 숨통이 트이는 시간을 허락하는 마음이 함께 존재했다는 사실이 새롭게 다가오더라고요.

모두가 버지니아 울프처럼 엄격한 루틴 속에 살 수 있는 것은 아니지만, 이런 루틴으로 하루하루를 버텨야 하는 시기가 찾아오곤 하잖아요. 문득 저의 시간들이 떠올랐어요. 시간 엄수가 중요한 일을 해낼 때, 갑자기 큰 프로젝트를 맡게 되어 '업무'로 가득 채워진 시간을 맞이할 때, 긴 호흡으로 꾸준히 해내야 하는 일들이 닥쳐왔을 때….

버지니아 울프는 엄격한 루틴을 어떤 마음으로 지켜냈을까요. 글쓰기라는 루틴이 나를 지켜주기도 하고, 때로 나를 갉아먹는 느낌을 주기도 했을 것 같아요. 어쩌면 자신을 지탱해주는 다른 시간 또한 루틴으로 만들어 버텨내지는 않았을까 하는 생각도 들었습니다. 여러분은 그녀의 일주일에서 어떤 마음을 읽고 계신가요?

"그림을 그리며 위안을 받아요"

두 번째 예술가, 프리다 칼로

나 : 최근 학교에서 수업을 하기 시작했다는 이야기를 들었어요. 학교에 있는 시간과 그 외의 시간에는 무엇을 하시는지 궁금해요. 어떤 시간을 가장 좋아하시나요?

프리다 칼로 : 아침 8시에 학교 일이 시작됩니다. 일을 마치고 11시면 집으로 출발해서 12시에는 집에 도착하죠. 집안일이 얼마나 많은지… 음식과 깨끗한 수건, 비누, 식사 준비 등을 하고 나면 오후 2시가 돼요. 오후에는 그림을 그려요. 그림 그릴 시간은 늘 비워두죠. 그림을 완성해야 생활비를 충당할 수 있으니까요. 오전에 학교를 가야 하기 때문에 오후 시간이 유일하게 그림을 그릴 수 있는 시간이고, 제가 제일 좋아하는 시간이기도 해요. 저녁에는 친구들을 만나 영화나 연극을 보곤 해요.

평소 규칙적인 생활을 즐기지 않았다는 프리다 칼로. 모든 예술가가 버지니아 울프처럼 규칙적인 루틴을 가지고 있는 것은 아니라는 사실이 반가웠습니다. 저에게도 무척 규칙적으로 생활해야 하는 시기, 그렇지 않아도 되는 시기가 찾아오거든요. 그렇게 일상은 계속 변합니다. 나에게도 그저 어떤 시기가 찾아올 뿐이라는 것이 힘이 되었어요.

NAME Frida Kahlo

DATE 1943. 5. 10 ~ 5. 16

NAME OF WEEK paintings of comfort

LIST painting | school | social | housework | rest | sleep

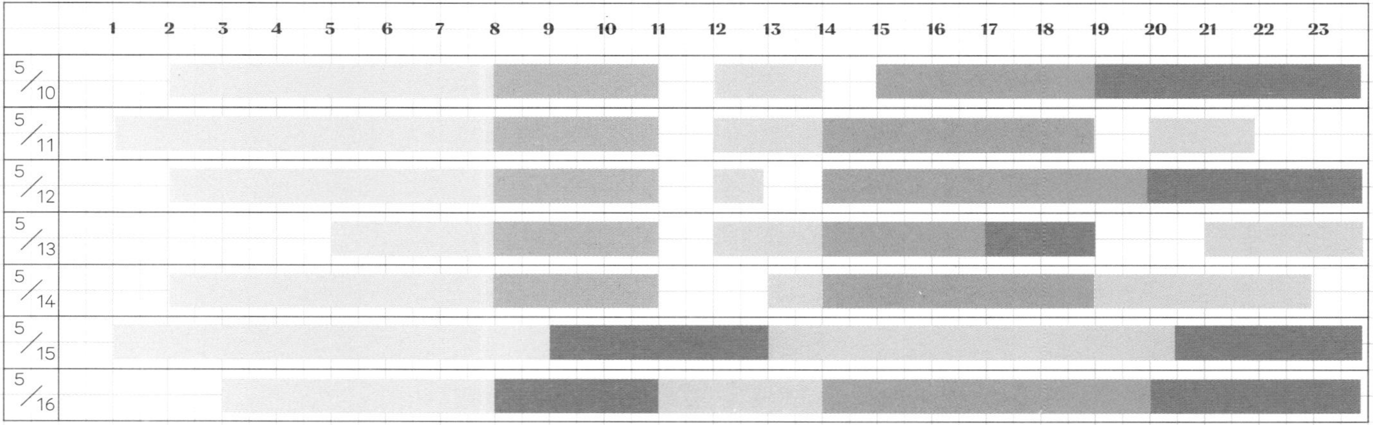

프리다 칼로에게 1943년 오전의 학교 루틴은 어떤 의미였을까요. 반가운 시간이었을 수도, 힘들어서 얼른 끝나기만을 바라는 시간이었을 수도 있겠지요.

라이프컬러링을 해보니 그녀의 일주일은 오전에는 일, 오후는 집안일과 그림 그리기로 채워졌습니다. 집안일을 하는 시간을 민트색으로 채우며 그녀의 마음을 상상해봤어요. 의무적인 일들을 마치고 돌아와 그림을 그리기 시작했을 때는 '이제 좀 살겠네' 싶으면서 반가웠을까요? 아니면 심란했을까요? 그녀의 일주일에 이름을 붙여보았어요. 'paintings of comfort', 말하자면 '위안의 그림들'. 제 선택은 아무래도 '반가웠다' 쪽인 것 같아요.

"눈물로 글을 써 내려간 밤들이 있어요"

세 번째 예술가, 프란츠 카프카

나: 당신의 일주일이 궁금했어요. 회사로 출근해 종일 일하고 집으로 돌아와 늦게까지 글을 쓰는 마음이 궁금해요.

프란츠 카프카 : 프라하의 노동자재해보험국 관리로 일하고 있어요. 안정된 근무 시간을 그토록 바랐는데 생각보다 일하는 게 쉽지 않네요. 전 직장처럼 야근이 잦지는 않지만, 사무실은 늘 끔찍하고 시끄럽거든요. 좁은 아파트에서 가족들과 함께 살고 있어요. 집에 돌아가더라도 모두 잠든 후에야 조용히 글쓰기에 집중할 수 있어요. 하고 싶은 일에 온전히 집중하기 힘든 일상이지만, 글쓰기가 제 삶에 있다는 사실로 버티고 있지요. 아름답고 굴절 없는 삶이 가능하지 않은 사람은 예술작품을 통해 그 어려움을 헤쳐나가야만 한다고 생각해요.

'사무실이 끔찍스럽고, 집은 시끄러웠던' 카프카의 일상에서 새벽의 글쓰기는 어떤 의미였을까요. 불안한 마음과 요동치는 감정을 토닥이는 작은 위로였을까요. 아니면 도저히 잠들 수 없는 새벽의 소리 없는 외침이었을까요.

저는 『리추얼』에 소개된 예술가 중에서 카프카의 이야기가 가장 가슴 시리게 다가왔어요. 하기 싫은 일들을 의무적으로 해내야 할 때면 종종 카프카의 이야기가 떠올라요. 그토록 바라던 경제적 안정을 가져다준 직장생활이지만, 그 시간이 가져오는 고통. 카프카의 이야기 안에 우리의 일상이 담겨 있다는 사실이 이상하면서도 신기하게 느껴졌어요.

그가 글쓰기를 하며 깨어 있는 새벽 시간을 연두색으로 칠했어요. 마음이 아프기도 했지만, 그에게 글쓰기가 있어 참 다행이었다고 생각했습니다. 그리고 '기댈 곳 없을 때, 나를 버티게 해주는 일은 무엇일까'라고 묻게 되었어요.

이렇듯 예술가들의 일상을 보고 품었던 질문들이 결국 저에게 다시 돌아오는 것이 좋았어요. 그래서 타인의 일상을 보는 것이 행운처럼 느껴질 때가 많습니다.

이제부터 라이프컬러링 워크숍에서 만난 사람들과의 대화 중 몇 장면을 소개하려고 해요. 대화 속에서 혹시 나와 비슷한 조각은 없는지, 나를 알 수 있는 힌트는 없을지 살펴보세요. 그리고 그 속에서 나온 질문들을 자신에게 던져보세요.

NAME Franz Kafka **DATE** 1911. 7. 24 ~ 7. 30 **NAME OF WEEK** uneasy mind

LIST writing | sleep | work | exercise, walk | meal

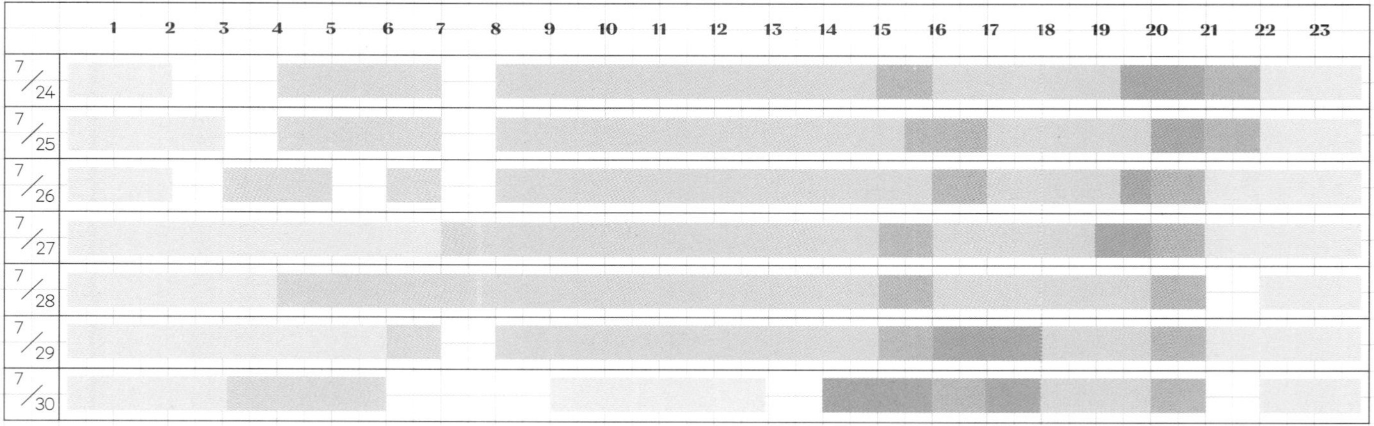

INTERVIEW 01

“화장실에 있는 시간이 유일한 휴식 시간 같아요”

아무리 친한 친구라고 해도 그 사람이 느끼는 감정들을 모두 알기는 쉽지 않죠. 일상을 어떻게 꾸려가는지, 어떤 루틴이 있는지, 휴식할 때는 무엇을 하는지, 또 어떤 마음으로 그 일들을 하는지 공유할 기회가 많지 않으니까요.

가끔 친구나 가족, 동료와 함께 라이프컬러링 워크숍에 참가하는 분들을 만나는데요. 곁에 있는 사람들의 일주일에 귀기울이고 감정을 나누며 서로의 모습에서 의외의 지점과 마음들을 발견하기도 합니다.

그래서인지 처음 부부 라이프컬러러를 만난 날이 잊혀지지 않는 기억으로 남아 있습니다. (워크숍에 참가한 분들을 '라이프컬러러'라고 부릅니다.) 맞벌이를 하면서 부지런한 일상을 보내는 분들이었어요. 많은 가족들이 그렇듯 서로 얼마나 바쁜지는 알고 있지만 실제로 각자가 얼마나 시간을 쪼개며 사는지, 어떤 시간에 유독 지치는지 대화할 기회가 없는 것이 사실이잖아요. 서로에 대해 추상적으로 알고 있던 것들을 발견하고 이해하는 장면이 인상적이었던 그날의 대화를 글로 옮겨봅니다.

DATE 11/23 ~ 11/29

저녁 시간

미팅

나의 일주일에 이름을 붙여주세요. 식사도 일 같아

LIST

●	취침	●	회의	●	아내, 퇴근	●	운동	●	업무 일정	●	보고

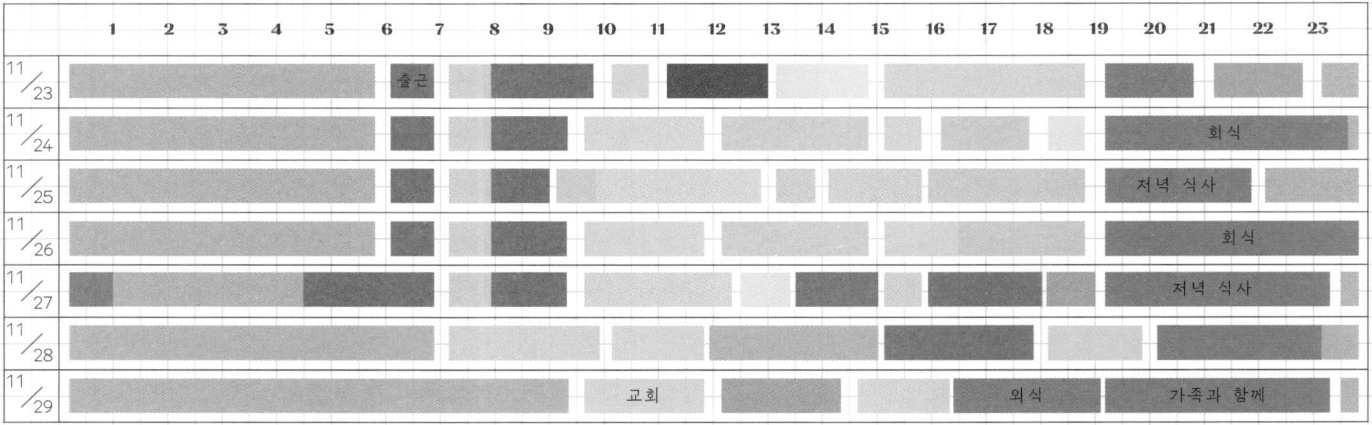

라이프컬러러01의 루틴지

라이프컬러러 : 일정표를 작성하는 데에는 자신이 있는 편이에요. 회사에 늘 미팅이 많고, 시간을 쪼개서 사용해야 하기 때문에 스케줄러를 사용하거든요.

나 : 정말 시간을 허투루 사용하지 않으시네요. 그래도 아침에 운동하는 시간은 꾸준하게 지키려고 노력하시나 봐요.

라이프컬러러 : 맞아요. 식사 시간도 보통 거래처 사람들과 갖게 되니까 밥 먹는 게 일처럼 느껴지는 순간도 많거든요. 그래서 아침에는 제 시간을 좀 내려고 하고 주말에는 교회에 나가고, 가족들과 시간을 보내려고 해요.

나 : 그럼 운동하는 시간이나 교회에 나가는 시간을 휴식하는 시간으로 느끼시나요?

라이프컬러러 : 저를 위한 시간은 맞는데, 그게 딱히 휴식 시간으로 느껴지지는 않아요. 언제가 휴식 시간이고, 언제가 아닌지 그런 구분을 해본 적이 별로 없는 것 같아요.

나 : 일상을 구분하신 카테고리가 〔취침〕, 〔회의〕, 〔미팅〕, 〔운동〕, 〔보고〕, 〔저녁 시간〕 등으로 구분된 것이 인상적이에요. 하루 전체가 업무와 연결된 느낌도 들고요. 저녁 시간이 파란색으로 그려져 있는데 그 안에 회식과 일반 저녁 식사가

포함되어 있네요? 이 시간을 구분하지 않고 함께 묶은 이유가 따로 있으신가요?

라이프컬러러 : (침묵) 저도 이걸 다 그리고 나서야 알았어요. 저만의 시간, 업무 시간, 가족과의 시간 사이의 경계가 모호해요. 그래서 제가 그동안 힘들었던 것 같고요. 가족들도 힘들었을 것 같아요.

나 : 회사 생활만으로도 바쁘고 벅차니까 그런 경계를 명확히 하는 게 더 힘들게 느껴졌을 것 같아요. 바쁜 스케줄 속에서 내 시간을 확보할 여유까지 갖는다는 건 정말 쉬운 일이 아니니까요. 이렇게 바쁘신데도 주말에 이 워크숍에 나온 것도 정말 대단하시고요. 만약 별다른 제약 없이 마음껏 휴식할 수 있다면 어떤 것을 해보고 싶으세요?

라이프컬러러 : 잘 떠오르지 않지만, 아주 일상적인 것들을 해보고 싶어요. 그냥 정말 고요한 침묵 속에 있기, 가족들과 소소한 대화 나누며 동네 한 바퀴 산책하기… 이런 것들만 해도 휴식했다고 느껴질 것 같아요. 지금 제가 휴식하고 있다고 느끼는 시간은 화장실에 앉아 있을 때 뿐이에요.

나 : 화장실에 앉아 있을 때가 유일한 휴식으로 느껴질 만큼 지금 열심히 살고 계신 것 같아요. 업무 특성상 사람들

을 만날 일이 많아서 쉽게 지치실 수도 있을 것 같고요. 그래서 고요한 침묵 같은 휴식을 원하거나, 화장실에서 가만히 앉아 있는 순간을 휴식으로 느끼실 수도 있을 것 같아요. 그런 나를 바라봐주는 지금 이 시간이 참 소중하다는 생각도 들고요.

라이프컬러러 : 저에게 뭔가를 해주고 싶다는 생각이 들었어요. 사실 제가 원하는 휴식이 별 대단한 게 아니라는 생각도 들고요.

다음주 라이프컬러링을 한 후 -

나 : 다음주 루틴을 그려보시니 어떠세요? 왠지 기분이 좋아 보이시는데요. 어떤 일들을 계획하셨을지 정말 궁금해요.

라이프컬러러 : 휴식을 그려본다는 게 저에게 의미가 있었어요. 사실 다음주를 그린다고 해도 회사에 가고 출퇴근을 할 테니 아주 드라마틱하게 바뀌는 건 없죠. 그래서 지금 할 수 있는 것들을 좀 고민해봤어요.
우선 회사 업무 시간 중간중간에 주황색으로 잠깐 쉬는 20분의 휴식을 짬짬이 넣어봤아요. 저는 정말로 이거는 지켜보려고요. 월요일에 가서 꼭 해보고 싶어요.

나 : 정말 좋은데요? 사실 우리가 휴식하고 싶다고 당장 회사를 그만두고 휴양지로 갈 수는 없잖아요? 하지만 '업무 중 최소 20분씩은 나에게 휴식을 부여하고 실천해보겠다' 그런 다짐만으로 좀 숨통이 트이는 기분이 들 것 같아요. 그리고 좀 신나 보이시는데요!

라이프컬러러 : 맞아요. 수요일도 좀 중요한데요. 아내랑 시간을 맞추어 같이 퇴근하고 싶어요. 이 시간은 분홍색으로 그렸어요. 따로 시간을 내기 힘드니까 집에 같이 가면서 그동안 밀렸던 대화도 해보고. 차 안에서 얘기하면 또 집에서 이야기하는 것과는 느낌이 다르더라고요.

나 : 독립된 공간이 주는 분위기가 있는 것 같아요. 화장실도 그렇고, 차 안도 그렇고, 일상으로부터 분리시키는 공간에 나를 두는 것도 휴식의 한 방식일 수 있겠네요.

다음주에 시도할 주황색과 분홍색의 휴식을 이야기하며 미소 짓는 얼굴을 만났습니다. 힘들었던 일주일의 모습을 배우자가 가감 없이 지켜보는 것이 좋았고, 부부가 함께 서로의 일상을 나누는 순간이 좋았습니다. "나 요즘 정말 힘들어"라는 말보다 이렇게 일주일을 펼쳐놓는 것만으로 힘듦과 애씀이 드러날 때가 있거든요.

라이프컬러러는 일주일 루틴을 공유하는 과정에서 살짝 눈물을 보이셨는데요. 자신의 애씀과 노력이 고스란히 드러나는 순간, 그리고 그것을 누군가 알아봐주는 순간이 필요하셨던 것이 아닌지 생각해보게 되었어요. 저에게도 이렇게 일상을 들키는 순간이 필요할 때가 있거든요.

휴식이라는 것이 거창하거나 대단할 필요가 없다는 것도 다시 한번 실감했어요. 업무 중 20분을 나에게 확보해주는 연습, 그게 현재의 나를 위한 휴식 시간이라는 것을 스스로 인식하는 것. 그리고 이 작은 시간으로 나를 위한 일을 시작할 수 있다는 것도요. 일주일에 하루, 배우자와 시간을 맞춰 퇴근하는 시간을 가지고 싶다는 것도 인상적이었습니다. 거창한 계획보다 내가 할 수 있는 만큼 시도하는 마음이 반가웠거든요.

당장 나를 위해 무엇을 해야 한다는 급한 불 끄기식 계획이 아니라, 내가 허용할 만한 수준의 휴식을 확보해주는 것. 휴식을 먼 미래로 미뤄두지 않고 당장 할 수 있는 것부터 조금씩 찾아보는 것, 그 한 걸음의 소중함을 함께 느꼈어요.

이 대화를 통해서 저도 저에게 지금 확보해주고 싶은 시간, 반드시 사수하고 싶은 시간에 대해 다시 한번 생각해봤습니다. 그렇게 하니 '매일 아침 커피를 내리는 시간', '가만히 식물에 물을 주는 시간'처럼 잠깐 느려져도 괜찮은 시간이 떠올랐어요. 지금 당장 여러분이 스스로를 위해 확보할 수 있는 시간은 무엇인가요?

"아무리 해도 내가 뭘 했는지 기억나지 않아요"

'그러니까… 어제 저녁에 뭐 했지?' 머릿속이 하얘지는 기분이 들었습니다. 아무것도 안 한 것은 아닌데, 무엇을 한 것 같지도 않은 기분. 하고 싶은 일을 한 것도 아니고, 그렇다고 잘 쉬었다는 느낌도 없었던 흐릿한 시간들. 미뤄놓은 일이 있거나 해야 할 일이 많을 때 조바심이 올라오면 결국 아무것도 해내지 못하는 병에 걸리고 맙니다.

라이프컬러링을 하다 보면 나의 지난 일주일 루틴을 복원하는 일이 결코 쉽지 않다는 걸 느낍니다. 스케줄러에 적어놓은 또렷한 약속을 제외하고는, '아… 이날 점심 먹고 뭐 했지?' 멍- '아, 그날 저녁에 뭐 했지?' 멍- 하는 순간들이 너무 많기 때문이지요. 우리는 앞에서 그런 시간을 [기억나지 않는 시간]으로 분류하여 표시하자고 약속했지요.

그런데 어떤 주에는 그런 시간의 비중이 너무 많아서 일주일 중 닷새 내내 저녁에 무엇을 했는지 기억나지 않기도 했습니다. 기억상실에 걸린 것은 아닐까 잠시 의심할 정도로요. 왜 그 시간이 기억이 나지 않았는지 가만히 생각해보았어요. 그

랬더니 두 가지 이유가 떠올랐습니다.

> 첫 번째. 나에게 중요한 일이 아닌 것들로 채워진 시간이라서.
> 두 번째. 의도적으로 기억에서 지우고 싶은 시간이라서.

먼저 첫 번째 이유를 들여다봅니다. 나에게 중요한 일이 아닌 것들, 의미가 크게 부여되지 않은 것들로 채워진 시간은 우리 일상에 필요치 않은 시간일까요? 일상의 모든 시간이 의미 있는 것들로 꽉꽉 채워질 수는 없는데 말이죠.

중요한 것은 '무엇을 했고, 기억이 나느냐'보다 그 시간을 바라보는 태도라고 생각합니다. 정말 바쁜 와중에도 '뭔가 좀 더 채워야 해'라는 마음이 드는지, 시시콜콜한 시간을 보내도 '아, 이런 시간이 좀 필요했지'라는 마음이 드는지는 그 태도에서 나오는 거니까요.

내 시간을 바라보는 온도. 그것이 라이프컬러링을 할 때 가장 중요하다고 느낍니다. 시간을 비효율적으로 써서 허송세월을 보냈다고 자책하는 기운을 내뿜고 있는지, 아니면 그럴 만한 이유가 있을지도 모른다고 생각하고 있는지 고민해 보는 거예요. 그 온도가 너무 가혹하게 차가운지, 혹은 너무 뜨거워 시간이 잔뜩 미화되어 있는지, 감각의 레이더망을 세우는 것이 나를 돌보는 중요한 방법 중 하나라고 생각해요.

두 번째 이유. 자주 일어나는 일은 아니지만, 의도적으로 기억에서 지우는 시간도 있습니다. 초대하지 않은 손님이 온 듯 마음이 편치 않은 시간. 우리는 그런 시간을 기억 속에서 지우기도 합니다.

저도 이런 시간이 있어요. 불편한 약속, 불편한 자리, 의무적인 식사나 만남은 유독 그 잔상이 오래도록 남잖아요. 그런데 얼마 지나지 않아 라이프컬러링을 해보니 그 시간을 새까맣게 잊고 〔기억나지 않는 시간〕으로 비워둔 적이 있었어요.

나다울 수 없는 시간들은 감정의 소모가 커서 때때로 기억에서 자동으로 삭제되는 것 같아요. 지난주에 유독 그런 시간이 많았다면, 나에게 깊은 호흡과 넉넉한 여유가 필요하다는 것을 먼저 인식해주세요. 기억을 복원하는 것은 그다음 순서여도 충분하니까요.

〔기억나지 않는 시간〕에서 시작된 또 다른 대화가 떠올랐습니다. 어영부영 지나가는 시간, 나와의 약속이 지켜지지 않는 시간을 어떤 마음으로 바라볼 것인지에 대해 나눈 대화였습니다.

DATE 1/9 ~ 1/15

나의 일주일에 이름을 붙여주세요. 나태, 지루

LIST						
	잠	육아	집안일, 휴식	요가	식사	영어 공부

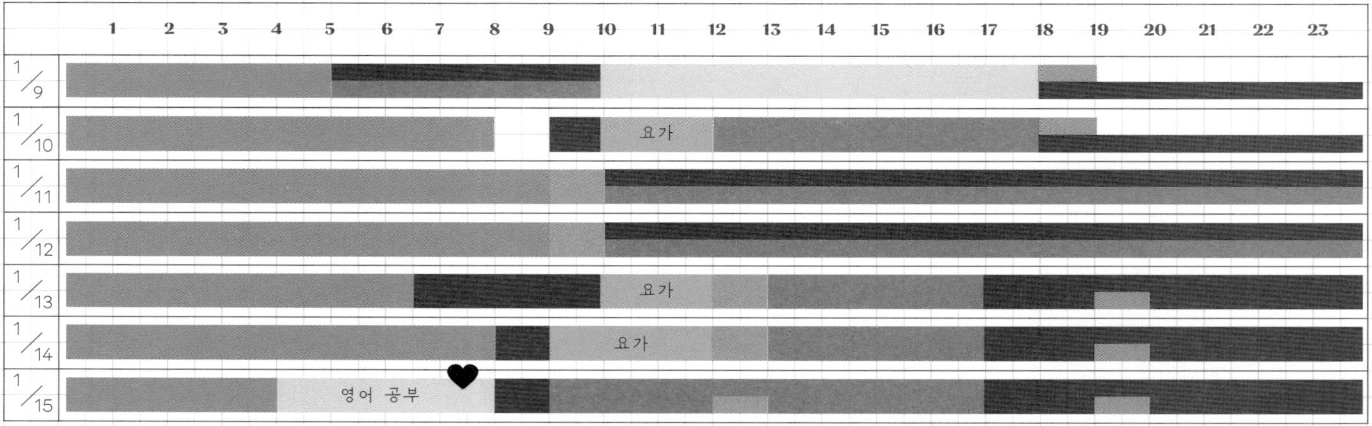

라이프컬러러02의 루틴지

라이프컬러러 : 일주일 루틴을 그려놓고 보니 제 일상에 구획이 별로 안 나누어져 있는 것 같아요. 무엇보다도 일주일간 무엇을 했는지 기억하는 게 무척 힘들었어요. 게다가 오후 시간 대부분은 휴식, 육아, 집안일들이 모두 섞여 있는 느낌이고요.

나 : 저도 그런 느낌을 받을 때가 있어요. 무엇을 했는지 도저히 기억나지 않으면 마음이 불편해지고요. 지난 일주일을 그려놓고 보니 어떤 기분이 드세요?

라이프컬러러 : 솔직히 조금 충격을 받았어요. 사실 요즘 무기력함을 많이 느끼거든요. 배우고 싶은 것도 많고, 해보고 싶은 것도 많은데 몸이 마음을 따라주지 않는 것 같아서 마음이 무거웠어요. 알고는 있었지만, 막상 그려보니 제가 무기력한 상태라는 게 확 실감되더라고요.

나 : 그러셨군요. 저도 몇 개월을 무기력하게 보냈던 시기가 있었어요. 떠올려보면 그때의 저에게는 일주일의 생활을 이렇게 그려낼 용기조차 없었던 것 같아요. 제가 무척 싫었고, 나를 제대로 들여다보면 볼수록 내가 더 싫어질 것 같은 무서움도 있었던 것 같아요. 그런데 이렇게 워크숍에 참가해서 일주일을 솔직하게 표현하고, 또 이런 이야기를 나누시는 걸 보니 무척 강인한 분이라고 생각해요.

라이프컬러러 : 사실 이 워크숍도 용기를 내서 왔어요. 갈까 말까 많이 망설이고 고민했어요. 무언가를 막상 해내면 기분이 좋은데 그 시작까지가 저는 참 힘든 것 같아요.

나: 그런데, 좋아하는 시간도 확 티나는 걸요! 일주일의 라이프컬러링 루틴지가 하나의 작품 같다는 생각이 들었어요. 컬러들이 아름답게 대비되는 그림이요. (웃음) 분홍색으로 그린 요가 시간, 주황색으로 그린 식사 시간, 노란색으로 그린 공부 시간은 어떤 의미가 있나요?

라이프컬러러 : 제가 좋아하는 시간이에요. 요가를 다녀오면 정말 기분이 좋아져요. 생각 같아선 매일 가고 싶은데 마음먹는 게 쉽지 않아요. 그런데 다녀오면 정말 기분이 좋아요. 몸도 가벼워지고 해냈다는 느낌도 들고요. 식사 시간은 의무로 해내는 느낌도 있는데, 그래도 제가 아이들과 함께 꾸준하게 챙기고 있는 시간이라는 생각이 들고요. 지난주 수요일에는 새벽에 일어나 영어 공부를 했는데 그때도 정말 뿌듯했어요. 그래서 따로 표시해뒀고요.

나 : 일상에 활력을 주는 일들이 한눈에 보이네요. 막연하게 나의 일주일을 떠올리면 그동안 한 게 아무것도 없다고 느껴지기도 하지만, 막상 그려놓고 보면 내 일상에도 나를 지탱해주는 소중한 시간이 있다는 사실이 새삼스레 느껴져요. 막

연했던 것이 명료해진다고 할까요.

라이프컬러러 : 그런 것 같아요. 그래도 여전히 뭘 했는지 도저히 기억이 나지 않는 시간들이 마음에 걸려요.

나 : 충분히 그럴 수 있어요. 그럴 때는 약간의 강제성에 나를 맡겨보는 것도 좋은 방법이라는 생각이 들어요. '다정한 강제성'이랄까요. 부담스럽지 않은 나만의 목표를 만들어보고, 그것을 지킬 수 있는 장치를 만드는 거예요. 갑자기 또 제 생각이 나네요. 처음에는 순수한 의지력만으로 이 게으름을 극복해야만 한다고 생각했거든요. 근데 그건 저에 대한 환상 같아요. 때로는 데드라인이나 목표가 나를 이끌어주기도 한다는 것을 받아들일 필요도 있더라고요. 물론 나에게 너무 가혹하거나 무리가 되지 않는지 스스로를 계속 살피면서 한다는 가정 아래에서요.

라이프컬러러 : 다정한 강제성이라는 말이 와닿아요. 저도 그런 걸 시도해보고 싶어요. 지금까지는 요가 시간에 갈 수 있는 컨디션이 되면 가고 아니면 말자는 식으로 많이 생각했거든요.

나 : 네, 그런데 그 강제성도 머릿속에서만 맴돌고 잘 실천이 되지 않는 경우가 많더라고요. '내일은 아침에 일찍 일어나

서 운동해야지!' 굳게 결심을 해놓고도 그다음 날 가지 않은 적도 많았고요. 공유 오피스 사용료를 지불해놓고도 몇 번 나가지 않고 사용 기간이 끝나기도 했어요. 그래서 강제성을 부여하기 전에 먼저 연습이 필요하다는 생각이 들었어요.

라이프컬러러 : 무슨 연습일까요?

나 : 나를 비난하는 마음을 살펴보는 연습이요. 시간을 엉망으로 보내고 있다며 나를 비난하는 마음으로 강제성을 부여하다 보면, 저 같은 경우에는 목표한 것을 실패했을 때 좌절감이나 비판이 훨씬 더 세게 올라오더라고요.

라이프컬러러 : 저도 비슷해요. '오늘은 운동해야지'라는 목표를 세워놓고 그걸 실패하면 하루 종일 기분이 안 좋고, 그 날은 더 엉망으로 보내는 것 같기도 해요.

나 : 저도요. 하고 싶은 것이 많은 사람인데 그게 잘 안되니까 내가 늘 만족스럽지 않은 마음이에요. 나에 대한 평가가 내가 보내는 시간에도 그대로 적용되는 것 같아요. 요즘 무기력한 마음이 든다고 하셨지요. 그런 상태에서는 많은 일을 한꺼번에 해내기 어렵다는 것을 이해해주고, 스스로를 도닥여주는 마음이 필요하다는 생각이 들어요. 누구에게나 더 힘든 시기가 있고, 나에게도 그런 시기가 올 수 있다는 마음

말이에요.

라이프컬러러 : 지난주 루틴을 다 그리고 생각나는 단어를 적어보라고 하셔서 '나태함'를 적었어요. 이게 지금 딱 저에 대한 마음 같아요. 나태하다고 비난하는 저의 마음요.

나 : 이 워크숍에 오신 것이 '일상을 더 잘 가꿔보고 싶다'는 예쁜 마음에서 시작된 것이라는 점을 떠올려보시면 좋겠어요. '나'는 비난받거나 뜯어고쳐야 할 대상이 아니라, 더 잘 돌보고 살펴줄 대상이지요. 그런 마음만으로도 나를 위한 변화가 가능하다고 생각해요.

[잘 기억나지 않는 시간]을 통해서도 나를 바라보는 작업이 가능하다는 것이 참 좋았습니다. 열심히 영어 공부를 한 시간, 좋은 성과를 낸 시간으로도 나를 발견할 수 있지만, 반대로 기억나지 않고 애매모호하게 보낸 시간도 나를 알 수 있는 힌트가 될 수 있다는 것을 느꼈습니다.

나는 '마음에 들지 않는 시간을 보낸 나'를 어떤 온도로 바라보고 있을까요. 무자비한 비난을 쏟아냈던 나도, 타인과 은근한 비교로 나를 힘들게 했던 나도 떠올랐습니다.

더 좋은 내가 되고 싶어 나를 채찍질하고픈 마음이 드는 건 당연한 일이에요. 억지로 그 비난을 막아낼 재간이 없다는 생각도 듭니다. 때로는 그런 비난을 발판 삼아 성장하기도 하니까요. 다만 그 비난이 너무 가혹하거나, 나를 짓누를 때면 그럴 만한 이유가 있지는 않았는지 묻는 거예요. 그리고 잊지 말자고 다짐합니다. 누구에게나 더 힘든 시기가 있고, 나에게도 그런 시기가 올 수 있다는 것. 지금의 나는 느린 속도로 가고 있지만 이것이 나의 영원한 속도는 아니라는 것을요.

"매일 바쁘게 사는데도 헛헛해요"

속도에 대해 자주 생각합니다. 지금 내 마음의 속도가 어느 정도일지를요. 저는 프리랜서 생활을 하면서 좀 특이한 생활 패턴이 생겼었는데요. 삼 개월 정도 빡빡하게 일하고 나면 삼 개월은 무기력하게 아무것도 안 하고 뚱하게 지내는 패턴이었어요.

극한의 바쁨과 극한의 게으름을 오가는 동안 제 자신이 많이 소진되었어요. 마음은 그 속도의 간극을 견뎌내지 못하고 지쳤습니다. 저는 왜 그토록 속도 조절이 되지 않았을까요?

오랜 시간 마음을 함께 나눈 이에게 이런 제 마음을 이야기한 적이 있었습니다. 일할 때면 무엇을 증명하려는 듯 늘 최고 속도를 내게 되는 것 같다고요. 사회에서 나를 보는 시선 때문인지, 인정에 대한 갈증 때문인지 명확히 알 수는 없지만 어쨌지 전속력을 내야 한다는 강박적인 느낌이 든다고요.

대화를 하다 보니 혼자서 고민할 때는 보이지 않던 지점이 느껴졌습니다. '아, 스스로를 인정하지 못해서, 누군가에 인정을 갈구하고 있구나. 증명하고 싶고 누군가에 인정받고 싶은 간절함이 나를 달리게 하는구나' 하고요. 그렇게 얻은 성취가 충만하지 않고 헛헛하게 느껴지는 이유도 크게 다르지 않았고요.

그래서인지 라이프컬러링 워크숍에 참가한 분이 '헛헛함'이라는 단어를 꺼냈을 때, 어느 때보다 그 말이 크게 들렸습니다. 새벽 여섯 시 반에 일어나 글쓰기를 하고, 퇴근 후 피아노를 배우고, 달리기를 열심히 하는 그녀. 틈틈이 독서도 열심히 하고, 청소, 정리도 놓치지 않는 그녀가 바쁜 일상을 보내면서도 '헛헛한 마음'이 드는 이유는 무엇인지 궁금해졌습니다.

나의 일주일에 이름을 붙여주세요. 취미 부자

DATE 7/6 ~ 7/12

LIST											
●	수면	●	회사, 하고 싶지 않은 일	●	글쓰기	●	취미	●	집안일	●	휴식

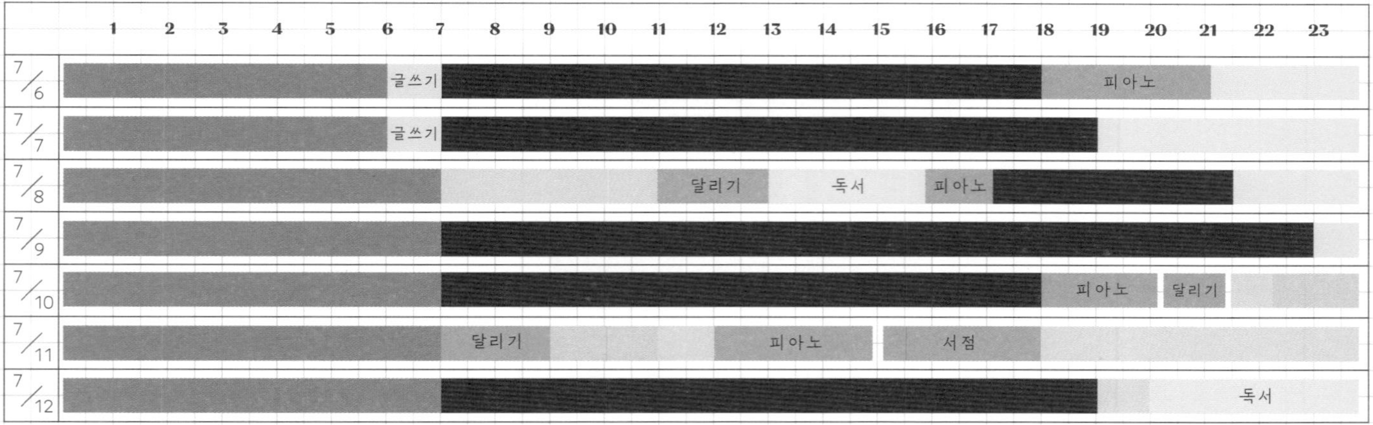

라이프컬러러03의 루틴지

나: 분홍색으로 표시한 취미 카테고리가 눈에 확 들어와요. 취미로 어떤 것들을 하시나요?

라이프컬러러 : 피아노를 배우고 있고요. 서점에 가는 것도 좋아해요. 집 주변에 괜찮은 산책로가 있는데 그 길을 달리는 것도 좋아하고요. 매일 새 기록을 경신할 때 정말 뿌듯해요.

나 : 취미 부자이시네요! 아침에 일어나 글쓰기도 하고, 독서하는 시간도 따로 정해져 있네요. 그런데 글을 쓰고 읽는 시간이 연두색으로 따로 표시된 것을 보니 중요한 의미가 있는 것 같아요.

라이프컬러러 : 네, 맞아요. 피곤해도 꼭 사수하려는 시간 중 하나예요. 아침에 일어나서 글을 쓰면 정돈되는 마음도 들고 참 좋아요.

나 : 혹시 지금의 일상에서 더 추가하거나 빼고 싶은 시간이 있으신가요?

라이프컬러러 : 사실 취미를 더 늘리고 싶어요. 새로 배우고 싶은 것이 많거든요.

나 : 그러시군요! 아침에 일어나서 퇴근할 때까지, 그리고 주말까지 일정이 촘촘하게 짜여 있어서 새롭게 무엇을 더 해보고 싶다고 생각하실 줄은 몰랐어요.

라이프컬러러 : 일주일을 이렇게 보니까 제가 꽤 부지런하더라고요. 그런데 이렇게 취미로 일상을 꽉 채워도 헛헛한 마음이 들어서요.

나 : 헛헛한 마음은 어디서 왔을까요?

라이프컬러러 : 비어 있는 시간을 열심히 채우고 있기는 한데, 그래도 모자라는 느낌이 들거든요. 저도 그 마음이 어디에서 왔는지 모르겠어요.

나 : 피아노를 칠 때 감정을 떠올려보실 수 있나요? 피아노를 칠 때 무엇이 좋으세요?

라이프컬러러 : 피아노를 치고 있을 때보다 한 곡을 다 완성한 순간이 더 좋아요. 내가 한 곡을 또 완성했구나. 이 곡을 내가 마무리했구나. 그 느낌을 좋아하는 것 같아요.

나 : 완성했을 때의 성취감을 즐기시는군요. 그럼 달리기를 할 때는 어떠세요? 집 근처에 좋아하는 산책로가 있다고 하

셨는데, 그 길을 특별히 좋아하는 이유가 있나요?

라이프컬러러 : 달리기 좋은 코스거든요. 생각해보니까 저는 달리기를 할 때도 달리는 행위보다는 달리기 기록을 더 중요하게 생각해요. (웃음) 어제보다 오늘 기록이 더 좋은지 확인해보고 더 좋아지면 기분이 좋아져요.

나 : 성취감이 중요하시군요. '성취감'이라는 단어가 자꾸 등장하네요. '성취감이 나에게 중요한 감정이구나' 이런 생각을 해보신 적 있나요?

라이프컬러러 : 그런 생각을 해본 적은 없었네요. 그냥 피아노 치는 걸 즐기고, 달리기를 좋아한다고만 생각했어요.

나 : 많은 시간을 성취감이라는 감정을 채우기 위해 보내고 계신지도 모르겠어요. 그게 자신에게 중요한 감정이고, 지금 나에게 필요한 감정이라는 것을 알고 있는 것도 의미가 있다고 생각해요.

라이프컬러러 : 그렇게 바라볼 수 있다니, 새롭네요!

나 : 동시에 저는 '헛헛함'이라는 단어에도 궁금증이 생겨요. 성취감을 느낀 후에도 뭔가 채워지지 않는 다른 감정이 있는

것은 아닌지 그런 생각도 들고요.

라이프컬러러 : 글쓰기를 할 때는 그런 마음이 덜 들어요. 일단 아무도 내 글을 보지 않는다고 생각하고 그냥 모든 걸 털어버리듯 글을 쓰거든요. 그러면 마음이 정리되고 단정해지는 것 같아서 자주 글을 써요.

나 : 회사 일이나 취미 활동을 통해서 성취감을 만족시키고 있지만, 사실 우리가 바라는 감정이 딱 하나로 수렴되지 않는 경우가 많잖아요. 성취감 외에 필요한 또 다른 감정이 있다면, 어쩌면 그것이 '정돈하고 싶은 마음'이나 '나를 돌아보고 싶은 마음', '비워내고 싶은 마음' 이런 것들일 수도 있지 않을까요? 취미를 계속 확장하기 전에 나에게 지금 더 필요한 시간이 무엇인지를 물어봐주는 것도 좋을 것 같아요. 균형을 맞춘다는 생각으로요.

다음주 라이프컬러링을 한 후 -

라이프컬러러 : 다음주에는 글쓰기 시간을 늘리고 싶어요. 저에게 꼭 필요했던 시간이라는 생각이 들고, 그 시간을 더 늘려도 지치지 않고 더 힘이 날 것 같아요. 무엇을 배우는 시간은 제 일상에 그대로 두고 특별한 목적이 없는, 그냥 좋아하는 일들도 해보려고요. 예를 들면 좋아하는 분식집에 가

서 맛있는 것을 먹은 뒤 집에 와서 저녁에 마구마구 늘어져 있는 시간을 저에게 주고 싶어요. 기분이 좋아질 것 같아요.

돌이켜보면 어떤 방식으로 일하든 일상에 바쁜 리듬이 필요할 때가 있습니다. 그 바쁨을 버틴 이유는 아마도 내가 얻고 싶은 감정 혹은 채우고픈 욕구가 있기 때문이겠죠. 그 감정의 실체가 성취감일 때도 있었고, 성장 욕구일 때도 있었고, 조바심일 때도 있었습니다. 그것들을 나쁘다고 낙인찍거나 우열을 가릴 수는 없습니다. 하지만 이게 정말 내가 원하는 속도인지, 내가 선택한 속도인지를 물어봐주는 마음은 필요하다고 생각해요.

우리 모두에게는 빠른 속도로 달릴 시기도, 느린 속도로 걸어야만 하는 시기도 찾아와요. 지금의 나는 빨리 달리고 싶고, 그렇게 달려서 어떤 욕구가 충족된다면 빠른 속도를 인식했더라도 달리는 것이 맞을지 모르죠.

다만, 그 속도를 감지하지 못하고 끝까지 가버린다면 벼랑에 몰린 기분을 느낄지도 모른다는 생각이 들었습니다. 저처럼 깊은 무기력에 빠질 수도 있고, 때로는 번아웃이나 모든 것을 그만두고 싶다는 극단적인 생각이 찾아올 수도 있으니까요.

지금 잠깐 멈춰 내가 원하는 속도를 나에게 물어봐주는 건 어떨까요. 만약 아주 작은 헛헛함이라도 가슴에서 느껴진다면 말이에요.

INTERVIEW 04

"계획이 없으면 너무 불안해요"

불안할 때 어김없이 나오는 습관이 몇 가지 있습니다. 일단 빠르게 휴대폰을 들어 자주 가는 쇼핑몰에 접속합니다. 눈보다 빠른 엄지가 피드를 후루룩 넘겨 물건을 스캔합니다. 원하는 물건이 없을 때는 없던 필요도 새롭게 만들어냅니다. 사고 싶은 것을 일단 장바구니에 마구 담고, 합리적인 소비를 하고 있다고 공허한 합리화를 합니다. 그리고 비밀번호 여섯 자리를 순식간에 입력하며 결제를 끝냅니다.

네, 저는 불안이 느껴질 때면 무언가를 사는 버릇이 있습니다. 누군가에게 자랑스럽게 이야기할 수 있는 습관이 아니니 털어놓은 적이 많지는 않지만요. 불안한 마음을 잠시 채워준 장바구니 속 물건은 결제와 동시에 비워지고, 그 자리에는 다시 불안이 찾아와 앉습니다.

'불안은 왜 물건을 사게 하는가. 물건을 사서 나는 무엇을 얻은 것일까. 나는 무엇으로부터 도망치고 싶었을까. 물건으로 채워지지 않는 빈 마음은 무엇으로 채울 수 있을까. 채울 수 있는 무엇이 나에게 있기나 한 걸까.' 기쁘게 물건을 고르고,

또 그 물건이 주는 활력을 마음껏 만끽하면 좋으련만, 물건을 사고 나면 늘 허탈한 마음이 찾아온다는 것을 알아차렸습니다. 물건을 사는 행위에 좋고 나쁨은 없지만, 그 행위 다음에 오는 부정적 감정이 저를 흔들고 있었어요.

"불안이 찾아올 때 나는 무엇을 하는가?" 이 질문을 마음속에 새겼습니다. 자신이 불안한 상태임을 매번 감지하기는 어렵지만, 만약 불안할 때 특정한 행동을 하는 걸 안다면 '아, 지금 내가 좀 불안하구나'를 거꾸로 유추해볼 수 있으니까요.

불안할 때 쇼핑을 하는 나.
불안할 때 손톱을 뜯는 나.
불안할 때 뚱한 얼굴로 TV를 보는 나.
불안할 때 집중이 흐트러지는 나.
불안할 때 다다다다 말이 많아지는 나.

일상 속에서 이런 나는 주기적으로 찾아왔습니다. 황급하게 도피처를 찾는 나를 꾸짖는 것이 과연 옳을까요? 잠깐 호흡할 숨구멍을 찾는 내가 잘못된 것이라고 말할 수 있을까요? 불안한 상태에 있을 때 긴장을 완화하거나 잠시 도피할 곳이 당연히 필요한데 말이죠.

라이프컬러링 워크숍에서도 '불안'이라는 감정에 대해 이야기 나눌 기회가 있었습니다. 촘촘하게 계획을 세우지 않으면 불안하다고 고백한 분이었어요.

나의 일주일에 이름을 붙여주세요. 계획하기

DATE 10/26 ~ 11/1

여가 · 개인 정비

LIST

잠	데이트	운동	회사	가족	작업

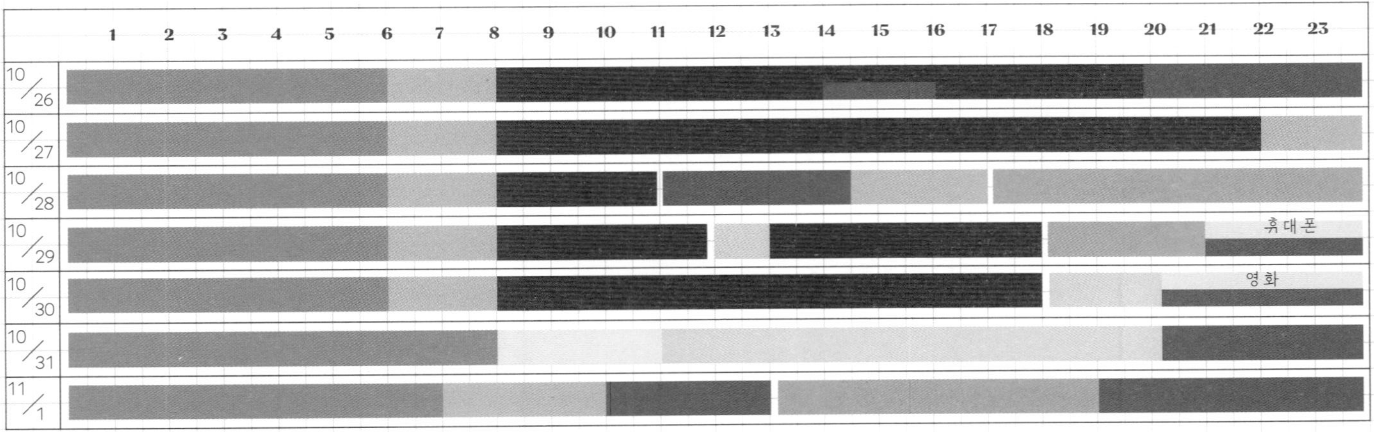

라이프컬러러04의 루틴지

라이프컬러러 : 뭐든 계획을 세우는 것을 좋아해요. 지난주 루틴을 그려보니 저는 휴식할 때도 늘 생산적인 뭔가를 해야 한다는 강박이 있는 것 같아요. 블로그를 하거나, 무엇을 만들거나, 기록을 남길 수 있는 어떤 작업을 하는 것. 그렇게 여가 시간을 보내야 좀 안심이 된다고 할까요.

나 : '생산적인'이라는 단어가 인상적이에요. 무언가를 만들어내고 창작하는 것을 좋아하시나 봐요.

라이프컬러러 : 회사 일이 힘들다 보니 그 외의 시간에는 저만의 것을 하고 싶거든요. 스스로에게 투자하고 싶고요. 그것들을 흩어지지 않게 기록으로 남기고 싶다는 생각도 들어요. 그래서 일정을 꼼꼼하게 계획하는 편이고, 무엇을 하든 시간을 허투루 쓰지 않으려고 노력해요.

나 : 계획을 세워서 여가 시간을 보내면 어떤 느낌이 드나요?

라이프컬러러 : 안심이 되기도 하지만, 한편으로 힘들기도 해요. 생각해보면 저는 데이트, 여행, 가족과 보내는 시간도 뭔가 계획이 있어야 안심이 돼요.

나 : 계획되지 않은 시간을 보낼 때의 느낌은 어떤가요?

라이프컬러러 : 약간 우왕좌왕하게 되는 것 같아요. 조바심도 나고요. 저는 데이트를 할 때도 효율적인 이동 동선을 짜고, 갈 곳도 미리 검색해서 다 찾아두는 편이에요. 그러고는 '오늘 동선이 괜찮았다, 좋은 계획이었다' 이런 평가를 저도 모르게 마음속으로 내려요.

나 : 계획 잘 짜기, 그거 엄청난 능력인 거 아시죠? 게으른 저로서는 감히 상상도 못 할 일이거든요. 그런데 만약 계획대로 되지 않아서 불안한 마음이 든다면, 그때의 감정에 잠깐 머물러보는 것도 좋을 것 같아요. '지금 내가 계획대로 되지 않아서 좀 불안하구나.' 딱 거기까지만요. 일상 속에서 계획대로 풀리지 않는 일들이 있을 때면, 열 번 중에 딱 한 번만이라도 느껴지는 감정을 천천히 읽어보려는 시도를 해보면 어떨까요? 나를 더 이해한다는 차원에서요.

라이프컬러러 : 사실 계획이 있어야 마음이 편한데, 저에게 그게 스트레스로 느껴질 때도 있긴 해요. 시간을 많이 들여야 하고, 또 에너지도 많이 쓰는 일이니까요.

나 : 만약 아무 제약 없이 휴식하는 시간이 있다면, 무엇을 하고 싶으세요?

라이프컬러러 : 딱 떠오르지 않네요. 지금 제 루틴지를 보면

자기 전에 휴대폰이나 영화를 보는 시간이 있어요. 그 시간을 휴식이라고 생각했어요. 잘 쉬고 있다고 생각했죠. 그런데 생각해보니 잠들기 억울해서 뭔가를 보고 자야 그나마 제 휴식 시간을 챙겼다는 느낌이 드는 것 같아요. 많은 일들을 계획해서 하고 실제로 그 일들이 저에게 도움이 되기도 하지만, 체력의 한계에 부딪힐 때도 있어요. 그럴 때마다 '혹시 번아웃이 오면 어쩌지?'라는 고민이 들어요.

나 : 맞아요. 그런데 그 고민은 정말 많은 사람들이 하는 고민인 것 같기도 해요. '효율적이어서 유능한 나', '부지런하고 계획적이어서 인정받는 나' 그 단단한 굴레를 벗어나는 일은 쉽지 않으니까요.

다음주 라이프컬러링을 한 후 -

라이프컬러러 : 이야기를 하면서 다음주에 하고 싶은 몇 가지 일이 떠올랐어요. 잘 휴식하고 싶다는 생각도요. 우선 계획이 없는 여행을 떠나고 싶어요. 휴양지를 여행지 리스트에 넣어본 적이 한 번도 없더라고요. 꼼꼼하게 계획을 세워 여행을 다니는 게 너무 익숙해서였나 봐요.

나 : 반가운 시도네요. 만약 당장 그런 여행을 갈 수 없다고 하더라도, 나를 위해 그런 휴식을 시도해보고 싶다는 마음

자체가 소중해요.

라이프컬러러 : 저도 제가 어떨지 궁금해요. 막상 가면 또 뭔가 계획하고 싶고 잘 안될 수도 있지만 그래도 해보고 싶네요.

나 : 계획적으로 무언가를 하는 지금의 모습도 정말 빛나요. 우리는 극단의 성향을 가질 때가 있지요. 그럴 때 우리는 그 반대로 가보고 나서야 영점이 맞춰지는 존재들 같아요.

'불안할 때 나는 무엇을 하는가?' 다시 이 질문으로 돌아옵니다. 불안함 속에서 나를 다그치고 혼내는 나를 만납니다.

불안할 때 쇼핑을 하는 나

→ "왜 또 쇼핑을 이렇게 할까. 돈은 언제 모을 거야."

불안할 때 손톱을 뜯는 나

→ "어린애처럼 손톱을 뜯네. 이 버릇은 언제 고치나."

불안할 때 뚱한 얼굴로 TV를 보는 나

→ "벌써 다섯 시간째 TV만 보고 해야 할 일은 하나도 안 하고 있잖아!"

불안할 때 집중이 흐트러지는 나

→ "이 쉬운 것 하나를 빨리 끝내지 못해서 어떡해. 빨리 좀 하자, 빨리!"

불안할 때 다다다다 말이 많아지는 나

→ "왜 이렇게 말이 많고, 말실수를 할까. 난 정말 별로야."

혼내고 다그치는 것은 제 오래된 습관 중 하나입니다. 고장 난 나를 빨리 고쳐서 정상으로 만들고 싶고, 불안감을 딛고 일어나 얼른 제정신 차리기를 바라죠. 문제를 바로 해결하고, 개선하기를 바랍니다. 하지만 힘든 날에는 어떤 다그침도 소용이 없습니다. 불안할 때 나는 여전히 과하게 잠을 자고, 무언가를 미친 듯이 소비하기 바쁘니까요.

그러지 않기를 바라면서도 내가 자꾸만 어디론가 도망가고 있다면, 그 이유는 무엇일까요? 나에게는 왜 도피처가 필요했을까요? 나는 왜 어디론가 숨고 싶을까요? 왜 나는 나를 무언가에 홀리거나 마비되게끔 놔뒀을까요? 혹시 그만큼이나 처절하게 힘들었던 건 아니었을까요? 잠깐 숨쉴 구멍이 필요하지는 않았을까요? 오늘은 너무 힘들었으니까, 잠깐 늘어져도 된다고 스스로에게 한 번도 이야기해준 적이 없던 것은 아닐까요?

이제 나에게 해주고 싶은 질문을 적어봅니다.

오늘 과하게 쇼핑한 나

→ 오늘 나 스트레스를 많이 받았나?

오늘 손톱을 많이 뜯는 나

→ 오늘 나 너무 불안한가?

오늘 오랫동안 TV를 뚱하게 본 나

→ 오늘 나 어디론가 숨고 싶을 만큼 너무 힘들었나?

오늘 집중이 흐트러지는 나

→ 걱정이 있어서 어떤 것에도 집중할 수 없는 상태인가?

오늘 말을 너무 많이 한 나

→ 말로 풀어내지 않고는 그냥 잠들 수 없을 만큼 억울한 것이 있었나?

질문을 던지며 나를 살펴봅니다. 힘든 하루를 보낸 나, 도저히 오늘은 에너지가 없어 도망갈 수밖에 없었던 나, TV라는 도피처 말고 더 건강한 대안을 찾을 힘이 없었던 나, 불안함을 표현하지 못하고 손톱을 뜯고 있을 수밖에 없었던 나, 내 힘으로는 도저히 해결할 수 없는 문제 때문에 마음이 아파서 어느 것에도 집중할 수 없었던 나. 나를 애틋하게 바라봅니다. 안쓰럽기도 하고, 그럼에도 불구하고 오늘을 살아낸 내가 기특하게 느껴지기도 해요.

이런 질문하기는 매일을 생산적으로 훌륭하게 살아내고 싶지만 도저히 안 되는 날이 있다는 것을 이해하고 받아들이는 연습일지도 모릅니다. 우리는 불안하면서도 아름다운 존재라는 것을 공부하는 과정일지도요. 불안할 때 나는 무엇을 하나요?

"남들은 부지런한데 저는 너무 게으른 것 같아요"

SNS를 보다 보면 조바심이 훅 느껴질 때가 있습니다. 나랑 크게 다르지 않았던 친구가 내 예상보다 큰 성취를 이룬 것 같을 때, 나는 지금 이렇게 흔들리는데 남들은 꿋꿋하게 잘 헤쳐나가는 것 같은 느낌이 들 때, 새로운 시작이 두려울 법도 한데도 남들은 당당하게 도전하는 것 같을 때…. 우리는 조바심을 느낄 수 있는 상황에 늘 노출되어 있죠.

라이프컬러링 워크숍에서 만난 한 참가자도 다른 분의 루틴지를 보다가 그런 감정이 울컥 올라온 것 같았어요. 그리고 용기 있게도 그 작은 조바심을 제게 털어놓으셨습니다. 매일 독서를 실천하는 정돈된 루틴을 지닌 다른 라이프컬러러를 보니, 자책하게 된다고요. '나 이 정도면 괜찮지 않나?' 싶다가도 갑자기 이렇게 툭 튀어나오는 조바심. 이 조바심의 정체가 궁금해졌습니다.

DATE 11/23 ~ 11/29

나의 일주일에 이름을 붙여주세요. 뭔가 찝찝

LIST

●	수면	●	아이들, 등하원	●	집안일	●	독서	●	드라마	●	병원

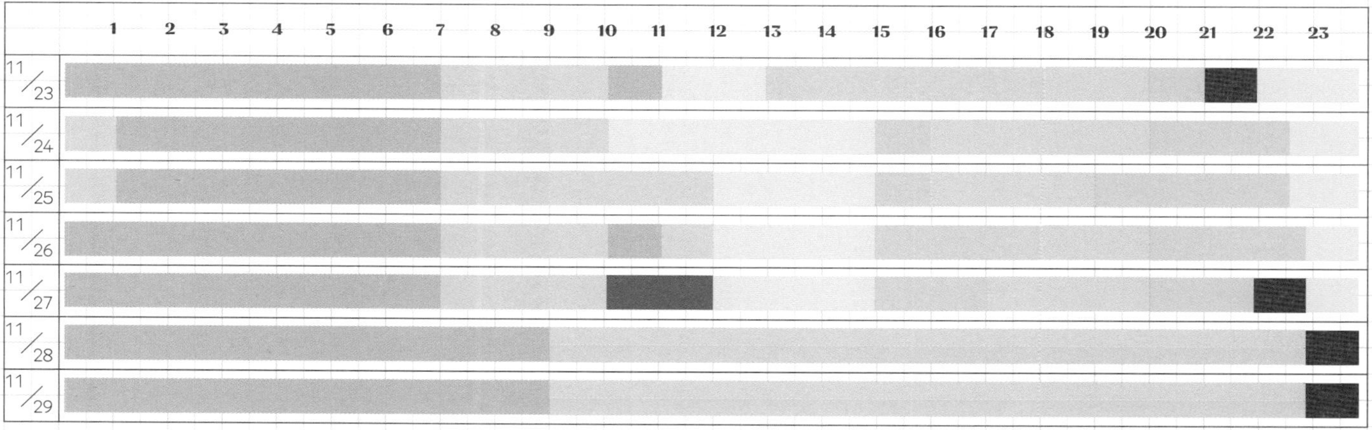

라이프컬러러05의 루틴지

라이프컬러러 : 다른 분들 루틴지를 보니 제 일주일이 좀 부끄러워요. 다들 책도 많이 읽고, 생산적인 한 주를 보내신 것 같은데, 전 그러지 못했어요. 지난주에는 얼마 전에 종영한 드라마를 정주행했어요. 꼭 읽고 싶었던 책도 있고, 다른 할 일도 있었는데 드라마를 한 편 보고 나니 멈출 수가 없었어요.

나 : 그러셨군요. 저도 늘 너무 쉽게 정주행이라는 마수에 걸려요. 다들 정주행 경험이 한 번씩은 있으실 거예요.

라이프컬러러 : 그렇죠. 그런데 해야 할 일도 미루고 누워서 TV만 본 제가 떠올라서 왠지 찝찝한 기분이 들어요.

나 : 혹시 TV를 보시면서 마음속으로 계속 스스로를 미워하고 계셨나요? 저도 그런 경험이 있거든요. 그렇게 TV를 보고 나면 막 재미있게 봤다는 느낌이 아니라 찝찝하고, 기분이 약간 가라앉는 그런 감정에 빠져들더라고요.

라이프컬러러 : 스스로를 게으르다고 생각했던 것 같아요. 한 편만 볼 것이지 왜 세 시간을 누워서 이러고 있나. 할일도 많은데 다 미루고 뭐 하는 건가. 이 시간에 책이라도 읽으면 좀 좋지 않나. 집은 이렇게 더러운데 왜 몸은 안 움직이나. 이런 생각들이 저를 괴롭혔던 것 같아요.

나: 응, 저랑 거의 비슷한 생각을 하셨네요. 지난주에는 왜 유독 드라마 시청에 빠졌던 걸까요? 혹시 어떤 이유가 있지는 않았을까요. 예를 들면, 지난주에 정말 체력이 떨어져서 활발하게 움직일 만한 몸 상태가 아니었는지, 책에 집중할 만한 마음이 아니었는지, 드라마를 보고 있었지만 걱정이 있어 한 발짝 뒤로 숨고 싶었던 건 아니었는지… 이런 것들요.

라이프컬러러 : 음… 지난주에 좀 심란한 일이 있었어요. 아이 문제인데 제가 당장 해결할 수도 없고 어떻게 해야 할지 모를 당황스러운 일이었어요. 몸이 축 처지고 아무것도 하기 싫은 느낌도 들어요.

나: 그런 시기가 종종 찾아오죠. 하지만 이렇게 일주일을 그린 덕분에 그 마음을 발견하실 수 있었던 것 같아요. 덕분에 저도 그런 주가 찾아온다는 것을 다시 한번 상기하게 되었어요.

라이프컬러러 : 그래도 찝찝한 마음은 여전하네요. 다음주에는 좀 생산적인 활동들을 넣어보고 싶어요.

나: 생산적인 활동들을 하며 한 주를 보내겠다는 다짐은 훌륭한 결심이죠. 그런데 '그런 일주일을 보내지 못한 나를 어떻게 바라볼 것인가'도 잊지 않으셨으면 좋겠어요.

라이프컬러러 : 평소에는 저도 제 자신이 괜찮다고 생각했는데, 다른 분들의 루틴을 보니 조바심이 확 들었던 것 같아요. 이야기하신 것처럼 그럴 수밖에 없는 이유가 있었을 수도 있는데, 앞뒤 상황에 대한 참작 없이 그냥 '나는 왜 저렇게 못했지' 이런 생각이 끼어들었던 것 같아요.

나 : 맞아요. '그럴 만했지'라는 마음이 들다가도 남들이 지내는 걸 보면 조바심이 깜빡이 없이 끼어들 때가 있어요. 그런데 그런 발견 자체가 반갑기도 해요. 다른 사람을 보며 조바심이 올라왔는데, 그런 비교가 아니었다면 나를 미워하면서 TV를 보았던 내 마음을 발견하기 어렵지 않았을까요. 나는 왜 나를 미워할 수밖에 없었을까? 지난주의 나는 왜 그토록 기운이 나지 않았을까? 이런 질문과 발견들은 정말 소중하거든요.

라이프컬러러 : 거꾸로 생각하면 그렇기도 하네요. 남들이 뭘 해서가 아니라, 다음주에는 그냥 제가 원하는 것을 하는 일주일을 만들고 싶어요.

다음주 라이프컬러링을 한 후 -

나 : 다음주 루틴지 컬러가 다채롭네요. 어떤 것들을 시도하고 싶으신가요? 궁금해요.

라이프컬러러 : 점심 약속을 잡아 친구들과 밥을 먹고 싶어요. 뭔가 쌓일 때 대화로 풀면 마음이 좀 편해지거든요. 그런 시간을 저에게 만들어주고 싶어요.

나 : 진짜 내가 하고 싶은 게 무엇일까를 고민하는 마음이 반가워요. 마음 맞는 상대와 대화하는 시간을 만들어주겠다는 의지가 또 다른 에너지를 불러일으킬 것 같아요.

조바심이 들 때 나는 스스로에게 무엇을 해줄 수 있을까요? 사실 너무 어려운 문제라 잘 모르겠습니다. 다만, 이 대화에서 새롭게 발견한 점은 '조바심이라는 날카로운 감정이 지금 내가 갈망하는 것을 알려주는 사이렌 역할을 해줄 수도 있겠다'는 것이었어요.

갑자기 어떤 이에게 질투가 나거나 마음이 초조해진 사건이 있다면, 그게 혹시 내가 지금 꼭 이루고 싶은데 잘 안되는 그 지점에 있는 일이 아닐지 생각해볼 수 있겠죠. 조바심이 난 그 시점이 지금의 내 상황을 돌아볼 수 있는 지표가 되기도 하고요.

한편으로 '모든 시간에는 기능이 있다'라는 말도 떠올랐습니다. 도저히 기운이 나지 않는 일상에서 드라마 정주행은 나에게 어떤 기능을 했을까요. 달달한 스토리가 나를 위로해준 건 아닐까요? 잠시 문제에서 벗어나고 싶었는데 드라마가 도피처가 되어준 것은 아닐까요? 기분 전환이 필요했는데 TV가 내게 말을 걸어준 것은 아닐까요? 그래서 제가 보내는 시간의 기능들을 적어보았어요.

드라마 정주행하는 시간

→ 기분 전환, 숨 고르기, 깔깔 웃게 해줌

책 읽는 시간

→ 안정감, 새로운 영감, 뿌듯함

나를 위한 요리를 하는 시간

→ 나를 돌보는 느낌, 행복감, 충만함

가볍게 걷는 시간

→ 기분 전환, 내려놓기, 뿌듯함

이렇게 적어놓고 보니 나 자신이 기특해집니다. 유독 힘이 나지 않았던 주에 나는 기분 전환을 위해, 숨 고르기를 위해, 한번이라도 깔깔 웃기 위해 내가 할 수 있는 가장 쉬운 일을 해주었던 것은 아닐까요.

이런 시간이 나를 지탱하고, 위로해주고, 잠깐 숨 돌릴 틈을 마련해주었다면 그 자체만으로 의미 있는 시간이 아닐까요. 그 도피처가 어떤 사람에게는 독서일 수도 있고, 혹은 물건을 사는 일일 수도 있고, 아니면 누군가와 대화하며 마음을 털어놓는 일일 수도 있지요.

조바심을 통해서 내가 몰랐던 나의 모습을 발견했다는 사실에 조금은 뿌듯한 마음이 들었습니다. 조바심마저도 나를 알 수 있는 힌트로 삼은 내가 대견하고요. 해결되지 않은 감정들을 더 보살펴주고 싶다는 생각도 들었습니다. 나를 둘러싼 많은 시간들이 각기 다른 역할을 하며 나를 돕고 있다는 생각에 마음이 든든해졌습니다.

'조급함'이라는 뾰족한 주사 한 방을 맞고, 나를 한 번 더 바라본 기분. 아프지만 개운한 기분에 잠시 머물러봅니다.

INTERVIEW 06

"매일 야식을 먹는 제가 싫어요"

피곤한 날이면 어김없이 입술 근처에 포진이 생깁니다. 잠을 깊게 들지 못한 어느 날에 포진이 시작되더니, 몸이 피곤할 때면 늘 나타나는 하나의 루틴으로 자리를 잡았죠. 약을 꾸준히 먹으면 사라졌다가도 조금이라도 스트레스를 받거나 컨디션이 좋지 않으면 기가 막히게 포진이 올라왔죠.

의사 선생님의 말에 의하면 이 포진은 바이러스로, 한번 생기면 완치는 거의 불가능하고, 약을 먹으면 몸속 어딘가에 숨어 있다가 몸이 피곤하면 가장 약한 곳에 나타난다고 합니다. 그 이야기를 듣고 너무 무서워 소름이 돋았어요. 내 몸속 어딘가에 음흉하게 자리잡은 바이러스의 존재. 저는 바이러스라는 게 무엇인지도 잘 모르는데 말이에요.

그런데 이 바이러스라는 존재가 나보다도 더 먼저 내 몸의 고단함을 알아차리고, 나에게 신호를 보내지 뭐예요. 그러니 덮어놓고 미워만 하기에는 나보다 똑똑한 것 같고, 나보다 나를 더 잘 아는 것 같아서 기분이 나쁘기도 하고, 고맙기도 하고, 열받기도 해요. 아, 복잡한 감정입니다.

내 상태가 좋지 않을 때 나타나는 루틴. 바이러스 말고도 저에게는 몇 가지 루틴이 더 있습니다.

무작정 TV를 켜서 눈이 빠질 때까지 보기, 무리하게 약속을 잡아서 졸린 눈으로 대화하기, 그러다 집에 돌아와서 피곤으로 날 서 있기, 누구 한 명만 걸리라는 심정으로 주변 사람들에게 날카로운 말 던지기, 정리정돈되지 않은 집 안 꼴을 보고 끝없이 불편해하고 자책하기.

낡고 오래된 이 루틴들은 바이러스처럼 제 몸 깊숙이 자리잡고 있어요. 컨디션이 좋거나 조금이라도 여유가 있는 날에는 '내가 지금 힘들구나' 하는 인지가 잘 되어서 이런 루틴을 제어할 수 있지만, 안 좋은 일들이 겹치거나 불안할 때면 금세 이 낡은 패턴들이 무의식적으로 발동되지요.

이 같은 괴로움을 호소하는 분을 라이프컬러링 워크숍에서 만난 적이 있습니다. 솔직히 누구에게나 이런 낡은 루틴 하나쯤은 있지 않을까요?

DATE 8/17 ~ 8/23

나의 일주일에 이름을 붙여주세요. 야식

LIST											
●	잠	●	야식	●	관리, 정비	●	일, 가게	●	TV, 넷플릭스	●	준비, 멍때림

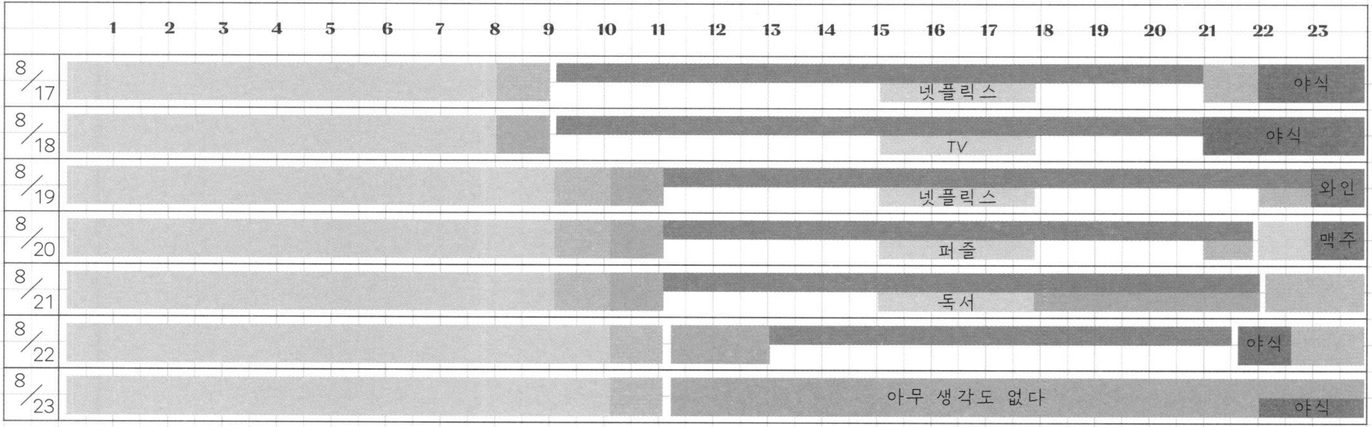

라이프컬러러06의 루틴지

라이프컬러러 : 저는 집에서 일하는 시간이 많다 보니까 일상이 흐트러질 때가 많아요. 일이 잘 안 풀리면 나도 모르게 TV를 보거나 게임을 하거나 휴대폰을 보는 저를 발견해요. 그냥 쉬는 게 아니라 저를 가만히 두지 않는 느낌이랄까요.

나 : 그러셨군요. 일과 휴식의 구획이 명확하지 않으면 그런 일들이 일상에서 많이 일어나는 것 같아요. 그래서인지 한 번에 두 가지 일을 하는 시간의 비중이 많네요.

라이프컬러러 : 맞아요. 여러 가지 일을 동시에 해야 마음이 좀 편해요. 그러다가 뭔가 후회되는 감정이 들고 밤이 되면 야식을 찾게 돼요. 이게 제 루틴으로 자리를 잡은 것 같아요.

나 : 그래서 야식을 드신 시간을 따로 표기하셨군요. 그런데 회색으로 칠한 것을 보니, 뭔가 이 시간에 대한 불편한 감정이 있으신가 봐요.

라이프컬러러 : 엄청 불편해요! 또 내가 야식을 먹었다며 다음 날 아침에 일어나서 후회하고 자책하는 게 반복되고요. 노력하고 여러 시도도 하는데 잘 안 고쳐지네요.

나: 솔직한 고백이에요. 저도 제 몸에 착 달라붙어서 떨어지지 않고 노력과 의지로 안 바뀌는 루틴들이 떠올랐어요.

라이프컬러러 : 저는 그 시간들 때문에 괴로워요. 건강에도 안 좋고요. 근데 사실 그것보다 자책하고 힘들어하는 제 모습이 더 싫어요.

나 : 맞아요. 자책하는 마음은 에너지를 급격하게 소진시키는 강력함이 있는 것 같아요. 자책이 가득한 마음으로는 새로운 것을 해낼 힘이 잘 생기지 않잖아요.

라이프컬러러 : 마음이 무거워요. 사실 저는 하고 싶은 일도 많고, 한번 일을 시작하면 몰입해서 잘할 수도 있다고 생각하거든요. 근데 생각보다 그 시작이 너무 어려워요.

나 : 무언가를 시작하고 싶은 마음이 나에게 있다는 것, 그것만으로 좋은 출발인 것 같아요. 그런데 나를 혼내는 나, 자책하는 나, 나를 싫어하는 나만을 데리고는 그 출발이 쉽지는 않아요. 매일 야식을 먹는 나… 분명 뭔가 이유가 있지 않을까요? 힘든 일이 있다든지, 쉽게 잠들 수 없게 하는 고민이 있다든지 말이에요.

라이프컬러러 : 사실 최근에 깊은 우울감을 겪었어요. 무엇을 해도 좋아지지 않는데, 맛있는 음식을 먹으면 기분이 좀 나아지더라고요. 야식을 일주일에 한두 번 시키던 것이 늘어나더니 이제는 매일 찾게 됐어요. 맛있어서 먹는 게 아니

라 뭔가를 잊어버리려고 먹는 것 같아요. 먹고 난 후에는 기분이 나빠지고요.

나 : 그러셨군요. 야식을 먹을 수밖에 없을 만큼 힘들었던 내가 있었네요. 저에게는 TV 보는 게 그랬어요. 저의 의지로는 빠져나오기 힘든 루틴이었죠. 라이프컬러링을 매주 하면서 '내가 매번 이러는구나. 나는 앞으로 어떻게 하고 싶은 거지?' 같은 질문을 많이 던져봤어요. 나와의 화해도 시도해보고, 다독이는 마음도 가져보고요. 그런데 다른 습관들은 다독이는 마음만으로 비교적 제어되었는데, 유독 TV 보기는 끝까지 고쳐지지 않더라고요. 제가 그만큼 TV에 많이 의지하고 있었나 봐요.

라이프컬러러 : 특별히 더 의지하는 패턴이 있을 수도 있겠네요. 저한테는 그게 야식 같아요. 정말 매일 먹기도 하고, 먹을 때는 순간적으로 기분이 좋아지니까요. 하지만 제 의지로는 잘 통제가 안 되는 느낌이 들어요.

나 : 맞아요. 그런 일들이 있죠. 저는 그 시기쯤에 'TV를 없앨까?' 하는 고민을 하기 시작했어요. 아예 없애버리면 좀 나아지지 않을까 하는 마음으로요. 그런데 그렇게 하면 빈 시간에 휴대폰으로 유튜브를 더 많이 볼 것 같고, 요즘 같은 세상에 TV 없다고 콘텐츠를 소비하지 못하는 것도 아니라서

TV를 없애는 게 답이 아니겠다 싶었어요.

라이프컬러러 : 그래서 어떻게 하셨어요?

나 : TV 위치를 거실에서 서재로 바꿔봤어요. 내 의지로 되지 않으니 장소나 위치를 강제로 바꿔보자는 생각이었죠. 그 강제성에서 도움을 받고 싶었어요. 매일 소파에 누워서 TV를 보다가 딱딱한 의자에 앉아 정자세로 TV를 보니 좀 어색했어요. 근데 이렇게 하니 TV를 보는 마음이 좀 색다르긴 하더라고요. 저는 누워서 맥없이 TV를 보는 제 자신이 싫었었나 봐요. 자리가 불편하니까 시간을 정해서 보게 되고, TV를 보는 마음이 달라지기도 했어요. 물론 그것만으로 루틴을 고친 것은 아니지만, 외부적인 요인이 도움이 되었던 것 같아요.

라이프컬러러 : 그런 도움을 받아야겠다는 생각은 못했네요. 해결은 100% 저의 의지 문제라고 생각했어요.

나 : 맞아요. 어떤 일은 정말 의지의 문제일 때도 있죠. 그런데 아닌 경우도 많더라고요. 의지의 문제라고 생각하면 자연스럽게 나를 탓하게 되는 것 같아요. 매번 생각만 하고 시작은 못할 때 '나는 정말 의지가 약하구나'라고 여길 수도 있죠. 하지만 데드라인이 생기면 잘 해낼 때도 있잖아요. 나의 자

유 의지에 모든 걸 맡기지 않고, 외부에서 오는 강제성에 도움을 받는 것도 방법 중 하나라고 생각해요. 시스템의 도움을 받는 거죠. 물론 나를 돕고 싶은 다정한 마음으로요!

라이프컬러러 : 저도 누군가랑 약속을 하면 그걸 지켜내고 싶어서 해낸 경험이 있어요. 강제성은 무조건 나쁜 것이라고 생각했는데, 거기서 도움을 받는다고 생각하니 뭔가 든든한 마음도 들어요.

나에게 강제성을 부여해주는 일. 어쩌면 이 일이 바이러스가 발병했을 때 약을 처방받는 것과 닮았다는 생각이 들었습니다. 나의 상태를 수시로 확인하는 다정한 나도 필요하지만, 약도 분명 필요하니까요.

갑자기 너무 진지한 이야기일지도 모르지만 '자유를 추구하는 삶이란 무엇일까'를 고민한 적이 있었어요. 주어진 환경에서 벗어나 자유롭게 살고 싶다는 생각을 시작했을 무렵이었습니다.

그런데 막상 그런 삶을 떠올려보려고 하니 잘 그려지지 않았습니다. 원하는 만큼 TV를 볼 수 있는 삶? 세계 곳곳을 방랑하는 삶? 원하는 일만 하고, 지금 내가 원하는 것을 아는 삶? 모든 것이 모호했어요. 내가 하고 싶은 대로 다 하는 것, 그것이 꼭 자유는 아니라는 생각이 들었습니다. 저는 완전한 '자율성' 속에 있을 때 충만함을 느끼지 못했으니까요. 무한으로 주어진 시간 속에서 허덕였고, 그 시간에 구획이 없어 불안했죠. 우울을 그놈의 TV로 달래는 나에게 '자유로운 삶'이라는 이름표는 어울리지 않았습니다.

그래서 '내 삶에는 강제성 한 스푼이 필요하지 않을까?' 그렇게 생각했습니다. '입금이 되면 원고를 후루룩 잘도 쓰는 나', '약속한 일정이 있다면 졸린 눈을 비비면서도 반드시 일을 해내는 나', '마감일이 임박하면 없던 에너지도 생겨나는 나'…. 강제성을 미워하며 째려볼 것만이 아니라, 이 친구의 도움을 적절히 받아야 함을 느꼈습니다.

사실 '강제성'은 조금은 조심스러운 주제입니다. 라이프컬러링에서 가장 중요한 것은 나의 일상과 시간을 바라보는 '다정한 온도'이니까요. 하지만 다정함만으로 극복되지 않는 문제가 있다면, 때로는 강제성이라는 외부의 도움이 다시 힘내어 일어나는 계기가 될 수도 있겠지요.

강제성이라는 테두리 안에서 내가 해낸 수많은 일들. 그것을 해냈던 순간의 아름다움을 부정하고서는 저를 모두 설명할 수 없으니까요. 나를 향한 다정함을 장착하고, 필요할 때면 때때로 강제성이라는 친구의 도움을 받는 거예요.

피곤할 때면 어김없이 올라오는 바이러스처럼, 힘든 시기에 찾아오는 낡은 루틴들은 앞으로도 계속될지도 모릅니다. 하지만 그때마다 나를 이해하는 다정한 나와, 강제성 한 스푼이라는 처방이 있다면 충분히 이겨낼 수 있다고 믿습니다.

영화 〈벌새〉를 무척 좋아합니다. 특히 마지막에 나오는 영지 선생님의 편지가 마음에 깊이 남아 있어요.

'어떻게 사는 것이 맞을까. 어느 날 알 것 같다가도 정말 모르겠어. 다만 나쁜 일들이 닥치면서도 기쁜 일들이 함께한다는 것. 우리는 늘 누군가를 만나 무언가를 나눈다는 것. 세상은 참 신기하고 아름답다.'

– 영화 〈벌새〉(김보라, 2019)

나쁜 일이 닥칠 때도 기쁜 일이 함께한다는 것. 그 당연한 진리가 깊이 와닿았습니다. 무기력의 시간을 마주하며, 일상이 와르르 무너졌던 시간들이 떠올랐습니다. 무너진 일상은 사람들과 깊은 대화를 나누며 조금씩 회복되었습니다. 솔직한 대화를 통해 마음속 두려움과 조금씩 마주할 수 있었습니다. 아무것도 해낼 힘이 없을 때, 내가 나를 기다려주는 마음을 배웠습니다. 무기력이 아니었다면, 배우지 못할 마음들이었습니다.

그 마음이 단단해져, 라이프컬러링으로 세상에 한 걸음 나아갈 힘을 얻었습니다. 마음 깊은 곳의 결핍과 두려움이 라이프컬러링을 만들었다는 사실을 생각해보면, 세상은 정말 신기하고 아름답습니다.

살아가며 어느 길목에서 더 큰 불안과 우울을 다시 만날지도 모르지요. 다만, 어떤 불안이 다시 나를 찾아와도 '나를 기다리는 마음으로 나를 돕고 싶다'는 마음, 누군가에게 두려움과 공포가 찾아와도 '함께 기다려보자'라고 말할 수 있는 마음, 그 마음만은 새긴 채로 살아가고 싶습니다.

함께 마음을 나눈 아름다운 라이프컬러러들의 이야기가 제 이야기의 뿌리입니다. 혼자서는 시작될 수도, 만들 수도 없는 이야기입니다. 시작의 과정, 혼란의 과정, 나눔의 과정에서 함께한 모든 동료와 친구들에게 감사의 마음을 전합니다. 무엇보다 이 이야기를 가치 있게 바라보고, 세상에 나가도록 도와준 '자기만의 방' 팀의 에너지로 책을 만들 수 있었습니다. 나를 돌보고 싶은 다정한 마음으로 이 글을 읽고 있는 모든 분들께 감사의 인사를 전합니다.

부록 : 라이프컬러링 루틴지

지난주, 다음주 일상을 기록할 루틴지입니다.
잘라서 쓰셔도 좋아요. 루틴지가 더 필요하다면
☞ 라이프컬러링 홈페이지(lifecoloring.me)

나의 일주일에 이름을 붙여주세요.

DATE

LIST

	1	2	3	4	5	6	7	8	9	10	11	12	13	14	15	16	17	18	19	20	21	22	23
/																							
/																							
/																							
/																							
/																							
/																							
/																							

나의 일주일에 이름을 붙여주세요.

DATE

LIST

	1	2	3	4	5	6	7	8	9	10	11	12	13	14	15	16	17	18	19	20	21	22	23
/																							
/																							
/																							
/																							
/																							
/																							
/																							

Editor's letter

책의 안내대로 지난주의 시간들을 라이프컬러링 해보고 알게 되었습니다. 저의 지난주, 그 지난주, 그 그 지난주는 어쩌면 멈춰 있었던 건지도 모르겠다는 사실을요. 그것이 고요와 평온인지, 나태와 무위인지는 구분하기 어려웠지만, 뭔가 새로운 '공기'가 필요하다는 것만은 분명했습니다. 그래서 다음주의 루틴도 그려보았습니다. 그 결과는… 말씀드릴 수 없습니다. 죄송합니다. **민**

라이프컬러링을 통해 처음 제 일주일을 들여다봤던 날, 많이 놀랐습니다. 흘려보내는 시간이 많은 줄 알았는데 촘촘한 매일을 살고 있더라고요. 스스로를 다그쳤던 게 미안했어요. 꽉 뭉쳐 있던 마음이 느슨해졌습니다. 혹 번아웃을 겪고 있다면 추천추천합니다. 지난주를 컬러링 해보는 그 순간부터 다시 시작할 수 있을 거예요. **희**

이 책을 보며 가장 많이 한 생각은 '나다운 시간을 나에게 허락하자'였어요. 생각해보지 않으면 절대 알 수 없는 시간. 내가 나를 챙기는 일을 더이상 미루지 않기로 해요. **현**

작가님과 라이프컬러링을 함께한 날, 진짜 내 시간들을 발견한 기분이었어요. 제일 좋아하는 시간, 제일 편한 시간, 제일 집중하는 시간… 이 작은 종이 위에 금쪽같은 내 시간이 전부 있었더라고요! **령**

나의 일주일과 대화합니다

1판 1쇄 발행일 2021년 3월 16일

지은이 유보라
발행인 김학원
발행처 (주)휴머니스트출판그룹
출판등록 제313-2007-000007호(2007년 1월 5일)
주소 (03991) 서울시 마포구 동교로23길 76(연남동)
전화 02-335-4422 **팩스** 02-334-3427
저자 · 독자 서비스 humanist@humanistbooks.com
홈페이지 www.humanistbooks.com
시리즈 홈페이지 blog.naver.com/jabang2017
디자인 스튜디오 고민 **용지** 화인페이퍼 **인쇄** 삼조인쇄 **제본** 정민문화사

자기만의 방은 (주)휴머니스트출판그룹의 지식실용 브랜드입니다.

ISBN 979-11-6080-547-5 [03190]